深読みNow 10

縁辺《えんぺん》労働に分け入る

フランシスコ教皇の警告

浜 矩子
雨宮処凛
清水直子

Hama Noriko
Amamiya Karin
Shimizu Naoko

かもがわ出版

まえがき

（浜 矩子）

本書における我々のテーマは「縁辺《えんぺん》」だ。日常的にあまり使われる言葉ではない。だが、字面をご覧頂ければ、直観的に感じ取って頂けるものがあるかなと思う。縁辺とは、すなわち端っこだ。崖っぷちだ。最果てだ。これ以上追いやられると、奈落の底に転落するほかはない。縁辺とは、そういう場所だ。寒くて寂しくて悲しい場所である。

今、多くの働く人々がそんな荒涼たる場所に追いやられている。これが、本書の共著者である我々三人組の共通認識だ。いつでも切り捨てられる。当初から使い捨て要員として位置づけられている。そのような日雇い的働かされ方に甘んじることを強いられている人々が、あまりにも多い。どうして、こういうことになるのか。奴隷制の時代は去って久しいはずなのに、どうして、このような人を人とも思わない人の使い方が大手を振ってまかり通るのか。21世紀の資本は21世紀の労働をこんな形で搾取することで、一体、何を得ようとしているのか。21世紀の資本による21世紀の労働のこのような搾取の仕方を、なぜ政治と政策は許すのか。このような現状を、どうすれば変革することが出来るのか。

これらのことを、我々三人組は懸命になって追求した。この追求の成果物が本書である。この追求の旅の中で、我々は何を発見したか。それは、大別すれば三つのことだ。

第一に、縁辺に追いやられる労働者たちは、基本的人権を徹底的に侵害されている。生存権を保障されていないのである。生きる権利は万人のものだ。だが、縁辺に追いやられると、この万人が持っている権利が剥奪される。つまり、万人の一員であることを否定される。人間性を認知されなくなるのである。

第二に、縁辺化された労働者たちは孤立させられる。たった一人で、自分の労働を使う者たちと対峙しなければならない。圧倒的に交渉力に欠ける状況の下で、自分の命の糧にしがみつかなければならない。孤立ほど、心細いものは無い。孤立は絶望の温床だ。絶望は死にいたる病だ。

第三に、孤立は分断を生む。分断が孤立を生むという力学もある。孤立と分断は、縁辺労働者を破滅に追いやる二人三脚のおぞましき相棒同士だ。孤立状態に追い込まれた人間は、疑心暗鬼に陥り易い。誰かが自分の存在を脅かしている。自分と似たような境遇におかれている者たちほど、自分にとっては敵かもしれない。自分が生存に向かって切り拓こうとしている道を、先回りしてゲットしてしまう競争相手かもしれない。せっかく、自分が縁辺労働の世界を脱して、基幹労働の一角を形成しようとしているのに、妙な反逆の声を発して、自分に到来している絶好のチャンスを台無しにしてしまう。そんな奴らの出現は許さない。こうした心理が、本来は一致団結すべき縁辺労働者たちを分断する。「ああいう奴らと付き合っていると、正社員には絶対なれないよ」

そんな悪魔の囁《ささや》きが、闘う縁辺労働者たちと搾取の釣り針に翻弄される縁辺労働者たちを分断する。自分たちよりも酷い状況下にある人々がいる。そう思うことに優越感を感じる。自分たちから優越性を奪う者たちは許せない。縁辺に追いやられし人々に、そんな仲間割れの仕方をもたらす搾取の構図は断じて許しがたい。

これらの三つの大罪がもたらす地獄から、働く人々を救い出さなければいけない。この思いに駆られて、本書は形を取った。現状はどうなっているのか。その中で人々はどのような心理的追い込まれ方をしているのか。そこから脱却するには、労働を人間が人間であるための条件に適うようにするための何が求められているのか。人間的な労働の条件を復権させるための掟は何か。これらのことを、我々三人組は手を取り合って追い求めて来た。その結果がどう出たか。そのことを巻末の鼎談を含めて、皆さんにご一緒に体感して頂ければ、実に幸いである。

ところで、本書の中に「ペリフ化」という言葉が盛んに出て来る。「ペリフ化」はすなわち「縁辺化」だ。「ペリフ」はペリフェリー (periphery) の短縮形だ。縁辺を英語でいえばペリフェリーなのである。縁辺労働を英語でいえば“periphery labour”だ。「ペリフ」という短縮形は我々が勝手につくった。人間を縁辺化の落とし穴から救い出さなければいけない。この「ペリフ化」という勝手造語には、その思いが込められている。この勝手造語の普及にご協力頂ければとても嬉しい。2024年の流行語大賞獲得を目指して、どうぞよろしくお願いいたします！

縁辺《えんぺん》労働に分け入る――フランシスコ教皇の警告◆もくじ

第3章　人間労働の本質と今日的労働の人間性チェック（浜矩子）――093

鼎談　縁辺労働者が切り捨てられない社会への模索

第1章 「失われた30年」の女性たち

雨宮処凛

コロナ被害相談村にて

1、「中高年シングル女性の生活状況実態調査」から

「いわゆるヤングケアラーでした。そしてロスジェネ世代。今日を生きるのに精一杯で、家庭や子どもを持つことを諦めました。派遣法改正とリーマンショック、東日本大震災の3次的要因で家廃業、家を失いました。どんなにもがいても正規雇用にたどり着けないまま母の闘病、諦めの境地で今の過酷な環境での仕事を続けています。それでも、国や社会からはすべて『自己責任』とされ、ひたすら耐えてきました。持病を抱えながら仕事を続けています。私がいなくなったら、わずかな年金で暮らす障害者の母はどうなるのかと考えると、生きていくのが嫌になります」(40代　独身　非正規職員)

「母子家庭で育ち、母も他界し誰も頼れる人もいない。今の生活もギリギリで数年先の生活がどうなるかさえ想像できない。自死したいと時々思う事さえある。余りにも格差があり過ぎて、社会から取り残されていると思えてならない。社会そのものが敵に思えることもある。こんな国に何で産まれて生きなくてはならないのか？と思う毎日」(50代　独身　非正規職員)

「病気やケガなど体が動かなくなったとき、どうすればいいのかわからない。支援があるのかもしれないが、身近に情報がない。自分の死体の始末の仕方もわからない。人に迷惑はかけたくないので、できれば自分の意思のあるうちに、苦しまず確実に自分の始末をつけられる方策が欲

しい。安楽死って、ダメですか?」(40代　独身　非正規職員)
「大学を卒業してずっと非正規雇用。将来は職がなくホームレス確定でしょう」(40代　独身)
これらの言葉は、「わくわくシニアシングルズ」(協力・湯澤直美〈立教大学コミュニティ福祉学部〉・北京JAC)が、22年8月4日から9月20日までに実施したアンケート調査の結果をまとめた「中高年シングル女性の生活状況実態調査」(2022年版 https://seniorsingles.webnode.jp/)から引用したものだ。
アンケートの対象となったのは、同居している配偶者やパートナーがいない単身女性で、40歳以上のシングルで暮らす女性。独身、離婚、死別、非婚/未婚の母、夫等と別居中の人で子ども・親・祖父母・兄弟姉妹と同居している人、子ども等の扶養に入っている場合も含むという。
2345人の有効回答からなるアンケート結果を読んで突きつけられたのは、中高年単身女性たちの厳しい現実だった。
まず、回答者の就労率は84・6%と高いものの、正規職員は44・8%と半分以下。一方、非正規職員は38・7%、自営業が14・1%。ちなみに非正規職員の51・4%が「正社員の仕事につけなかったこと」から非正規で働いている。
そんな女性たちの収入はと言えば、非正規職員の52・7%が年収200万円未満。自営業の48・6%も年収200万円未満。また、非正規職員の84・1%、自営業者の67・3%が年収

300万円未満。

回答者の86・1％が、自分で生計をたてている「主たる生計維持者」にもかかわらず、だ。

そのため、「いつまで働くか」という質問に対して、「働ける限りはいつまでも」「生きている限り、死ぬまで」と答えた人が全体の65・6％。

それを示すように、3人に1人は「50万円未満」の資産しかない状態。

また、非正規職員の84％弱、自営業者の68％弱が生活苦を訴えている。世代別で見ると、65歳以上の半数以上、40〜60代前半は70％超が生活苦。

◆ケアを担う女性たち

属性別に見ていくと、さらに厳しい状況が浮かび上がる。

このアンケートは中高年シングル女性が対象だが、その中には、離婚して子育てを担うシングルマザーもいれば、親と同居する人もいる。

そんな女性が直面しているのが、子育てや介護といったケアだ。


「今私は48歳で、長女高3、長男中3で離婚して13年になります。児童扶養手当が無くなったあとの生活が立ちゆくのか本当に不安になります。奨学金制度を利用して2人とも進学予定。幸い契約社員ですが、手取りで12〜3万。子どもが大きくなってからでも食糧支援などがあれ

ば助かります」（40代　離婚　非正規職員）

「今生きるために働いているので将来の貯えがなく、子ども達が自立したら迷惑をかけないように早く死ぬしかないと思っている」（40代　離婚　非正規職員）

「将来が不安すぎて、両親の介護と子育てと自分の心と身体の治療。幸せを感じることや喜びがありません。一人でどのように生きていけばいいのか、思い悩んで死のうとしたこともあります。子どもが成人したら手当もなくなり、どう生きていくのか、不安で病気が悪化します」（40代　離婚）

「コロナ禍で正社員からパートになってしまい、社会保険が無くなりました。自分の生活だけではなく、両親の生活も私の肩に重くのしかかっています。55歳でパート勤め、両親の生活と自分の生活をひとりで支えるには耐え難いほど辛いです。息子はADHDと自閉症スペクトラムの特性があり、子育ても非常に大変です」（50代　離婚　非正規職員）

不安定雇用で働きながら、子育てや介護、さらには家計を背負う姿は他にも散見される。そして時に、ケアは女性の就労の足かせになっている。

「頼る身内や、システムがない中で正規職につくのはとてつもなく難しいです。子どもが小さければ小さいほど、働き方が狭くなっていきます」（40代　離婚）

◆男女の賃金格差

さて、ここまで紹介した多くが非正規で働く女性。非正規が大変だということは広く知られることだが、では正社員は安泰かと言えば、決してそんなことはない。

「女性は20年つとめても平社員のままで、入社5年の男性に収入が抜かされます。男性だから・女性だからという収入格差を法律で変えてほしい。努力義務ではどの会社も実践しません」（40代　離婚　正規職員）

男女の賃金格差については以下のような声もある。

「同じ仕事をしても、男女間の賃金格差が著しいので、バカバカしくなる」（40代　離婚　正規職員）

「社会全体が、女は低賃金・短時間雇用でよいという考えを是正してほしい」（40代　独身自営・フリーランス）

ちなみに23年6月に「ジェンダーギャップ指数」（男女の格差の現状をデータから評価したもの）が公開されたが、日本は146ヶ国中125位。前年より9ランクダウンし、公表開始の

06年以降で最悪の順位となった。その渦中にいる女性のリアルな声がこのようなものである。

一方、回答を見ていると、高齢になっても働かざるを得ない現実が見えてくる。「高齢者の生きがい」といった話ではない。生活のために、だ。

「22年間正規で働いて厚生年金を払ってきたが、その後非正規雇用になり、年金が月10万弱。生活費を維持するため、70歳をすぎた今も非正規で働いている。病気などで仕事ができなくなると、生活保護と思っている。非正規で働いている人は、年金もまともに受給できないという今の制度は改めるべき」（70歳以上　独身　非正規職員）

60代、70代でも働かないと生活できないという現実には言葉を失う。ちなみに女性の貧困率はどの年代でも男性より高いのだが、特に高いのは65歳以上の一人暮らしの女性で、46・1%。

さて、ここまで紹介してきた事例で、この国の女性をめぐるあらゆる課題は出尽くしたとも言える。40代以上の事例だが、10〜30代の女性の現状も同様に厳しい。

例えば日本の非正規雇用率は働く人の約4割だが、女性に限ると53・2%。そのうち15〜19歳女性の非正規雇用率は75・3%。これが20〜24歳だと37・9%まで減り、25〜29歳になると27・7%まで減るが、30〜34歳になると再び増加し36・4%に。以降、緩やかに増えて45～50歳で52・1％となり、65歳以上では82・2％だ。

ちなみに非正規の平均年収はというと、正社員の平均年収496万円に対して非正規は176万円。非正規男性が228万円なのに対して、非正規女性は153万円。月収にすると13万円にも届かない額である（国税庁、20年）。

2、コロナ以前の女性の状況

◆女性を貧困リスクに晒《さら》す「標準世帯」モデル

ということで、ここでは「失われた30年」をキーワードに、女性と不安定雇用の問題を読み解いていきたい。

と言いつつ最初に断っておきたいのは、「失われた30年」が始まる前、バブル崩壊以前も女性は貧困リスクと隣り合わせだったということだ。

その背景には、経済成長時代に設定された「標準世帯」モデルがあると言われている。あらゆる制度が「年功賃金で終身雇用の正社員男性と専業主婦、子ども2人」の世帯を基準にして作られていることだ。そもそも各種社会保障制度では、「単身で働き続ける女」は想定されていないに等しい。だからこそ、貧困リスクに晒される。

しかし、さまざまな制度が作られた60年代から半世紀以上、時代は大きく変わった。

60年、男女ともに1%台だった生涯未婚率（50歳時点で一度も結婚していない人の割合）は、今や男性28・3%、女性17・8%（2020年）。

また、最新の国勢調査でもっとも多いのは「単身世帯」で38・1%。平成の時代に「夫婦と子どもからなる世帯」を抜き、今や2・5世帯に1世帯が単身世帯だ。

このように、この国の実態は大きく変わったのに、制度だけが半世紀前のままだからあちこちで不具合が起きているのである。しかし、制度を作る側に圧倒的に中高年男性が多いので見直しはなかなかされず、緊急の手当てもなされずに放置されてきた。

だからこそ、母子世帯の多くは経済成長時代も貧困に晒されていた。しかし、それらは「例外的なこと」と見過ごされてきたのである。

風向きが変わったのは90年代以降だ。

バブルが崩壊し、「健康な成人男性」までもが正規雇用から弾かれ、不安定雇用や貧困に晒されるという事態が発生して初めて、「社会問題」として認識されるようになった。そうして06年頃から非正規問題、若者の貧困問題として注目されるようになり、今に至るというわけである。

そんなふうに女性の貧困が見過ごされてきた背景にあるのは、「女はいつか結婚するもの」という思い込みだろう。

そして実際、ある時期までは、女性は家庭に吸収されることで貧困から逃れてきた。あるいは、「女性の貧困」は、家庭に入ることで隠されてきたとも言える。

その家庭が平和なものか、あるいはＤＶ渦巻く修羅場かは入ってみるまで分からず、多くの女性たちが「嫁ぎ先ガチャ」とでも言いたくなるような中、不条理に晒されてきた。そんな中、たとえ裕福な家に嫁いだとしても、「嫁」である女性は貧困ということはいくらでもあった。

例えば『農家女性の戦後史　日本農業新聞「女の階段」の五十年』（こぶし書房　姉歯暁）には、嫁ぎ先の舅が一家の財布を握っていたため、母乳が出なくてもミルク代を出してもらえずミルク泥棒をしたという証言や、農村では嫁が財布を持たせてもらえないため、学校の運動会や学芸会の時期になると小さな万引きが増加するという話が出ている。大半が、貧しい農家の主婦ではない。中流農家なのに、「嫁」だけは自由になるお金がないのだ。それが子どもに必要なものだとしても。

いずれも６０年代の話だが、このように、家庭に隠される「女性の貧困」もあった。一方で、「離婚した女」や「結婚しない女」には長い間、「自己責任」というような冷たい視線が向けられてきた。

さて、このようなことから分かるのは、女性は人生の初期には「父親」という男がいなければ、そしてある時期からは「配偶者」という男がいなければ、困窮リスクが高まるという現実である。特に終身雇用の正社員夫とつがいになれば企業福祉に丸抱えされて生きられるという時代がそれなりに続いてきたのだ。

しかし、バブル崩壊後、様相は変わった。男性も非正規になるなど不安定化し、貧しくなったからだ。

先に現在の非正規雇用が約4割であることに触れたが、非正規雇用者は数にして2100万人ほど。そんな非正規は95年には1001万人、雇用者の20・9％と今と比べて半分以下だった。が、現在と大きく違うのは、非正規層の中心だったのが、家計の補助的に働く主婦や学生、高齢者だったということだ。

だからこそ、「小遣い稼ぎ」程度の賃金でもそれほど問題にはならなかった（もちろん、それはそれで問題だし、当時からそれだけで食べるシングルマザーが厳しいという問題もあった）。それが今や、非正規の中には自らが「稼ぎ主」の人たちが大量に存在するのである。だからこそ、これほど貧困が広がったのだ。

ちなみに雇用破壊の元凶と言われる労働者派遣法が施行されたのは1986年だが、95年に出された日経連の「新時代の日本的経営」も派遣法と並ぶ「戦犯」と言われている。

内容はと言うと、これからは働く人を3つに分けましょうという提言だ。

ひとつ目は正社員にあたる「長期蓄積能力活用型」。幹部候補生みたいなもの。次は高度な専門職である「高度専門能力活用型」。むっちゃスキルを持ったスペシャリストというイメージ。そして最後が「雇用柔軟型」。聞こえはいいが、当初から「死なない程度の低賃金の使い捨て労働力を増やすつもりか」と批判されてきた。

バブル崩壊から数年後に出されたこの報告書により、不安定雇用はどんどん拡大。04年には製造業派遣も解禁され、不安定層の増加に歯止めがかからない事態を生み出した。

そんな非正規化の波を最初に受けたのが、現在40代のロスジェネ＝就職氷河期世代だ。

ちなみに政府は19年、30年近くにわたって放置し続けてきたロスジェネを「人生再設計第一世代」と名づけ、今後3年間で30万人を正社員化する目標をぶち上げたものの、3年以上経っても10分の1の3万人しか達成されていない。

同じ19年には宝塚市が市の正職員としてロスジェネを募集したところ、わずか3人の枠に全国から1800人以上の応募が殺到するということもあった。「失われた30年」と20歳から50歳近くまでがかぶるロスジェネの苦境は、ずっと続いているのである。

そんなロスジェネ女性の声も「中高年シングル女性の生活状況実態調査」には届いている。

◆ロスジェネ女性の悲鳴

「就職氷河期の時代で正規雇用枠がなく、仕方なく非正規雇用で生活を繋いでいましたが、スキルを磨くこともできず、日々の生活に追われているうちに仕事先でうつ病を抱え10年ほど就労困難な状態。将来に希望が持てず、期待も生きていく意味も見いだせずにいる」（40代　独身）

「高ストレスの中、必死で働いても男性正規社員の数分の一の給与。就職氷河期に社会に出るも一度も正規で雇われず。こういう人はその後も安く使ってよいという慣習。給与は生活保護並みのギリギリ、命を繋ぐだけの人生」（40代　離婚　非正規職員）

「非正規パート。スーパーで働いています。コロナや経済といった個人ではどうにもならないことで生活に影響がでることが不安でなりません。氷河期世代で正規雇用のルートから外れてしまったのは私だけではありません。友人の多くも生活に不安を抱えています」（40代　独身非正規職員）

3、コロナ禍での相談事例から

◆非正規女性への「トドメの一撃」となったコロナ禍

そうして2020年からのコロナ禍は、女性たちをさらに苦境に陥れた。

新型コロナウイルスはまずはサービス業を直撃したわけだが、飲食・宿泊で働く人の実に64％が女性。その多くが非正規だ。

コロナ禍は、この国のサービス業が低賃金で働く非正規女性たちに支えられていることを浮き彫りにし、同時に、その層がなんの保障もなく放り出される実態も明らかにした。

「コロナの影響でコンビニのシフトがゼロになり生活できない。そのため家賃を2ヶ月滞納している。仕事を探しているが見つからない。夜の仕事をするようになったが月10万円くらいにしかならず生活は苦しい」（20代女性）

「民泊の清掃業務の請負。昨年は収入が以前の50％減となった」（40代女性）

「単身。パートで週3回4時間程度働いているが、コロナで時給を削られ、健康保険料も払えず、いよいよ生活が厳しく消費者ローンを利用しようかと思っている」（70代女性）
「残業がなくなり、生活が厳しい。体調が悪いので医者に行きたいがお金がない」（60代女性）
「単身、パート。家賃が払えず夜勤以外の日は5年間ネットカフェ暮らし」（50代女性）
「生活費がなくスーパーで廃棄された野菜などを拾って食べている」（80代女性）

これらの言葉は、20年4月から隔月で開催されてきた「コロナ災害を乗り越える　いのちとくらしを守る　なんでも電話相談会」に寄せられたものだ。弁護士や司法書士や支援者が無料で電話を受け付けるこの相談会では私も相談員をつとめてきたのだが、このような深刻な相談が相次いでいる。

また、電話相談だけでなく、私は対面で相談を受ける機会もあるのだが、「コロナで派遣切りに遭い寮を追い出された」「ホームレスになった」「もう3日、水以外口にしていない」など、命に関わる相談も増えている。

そのような場合、すぐに生活保護申請に同行するなどするのだが、コロナ禍で相談を受けてきた多くが男女ともに非正規で働く層。

職種は幅広く、日雇い派遣や飲食、宿泊、観光、販売、警備、工場、コールセンター、キャバクラ、風俗、フリーランスのインストラクターなど多岐にわたる。共通するのは、非正規で働き、これまでギリギリ生活を維持してきたものの、コロナが「トドメの一撃」となってしまったという点だ。

◆「年越し派遣村」から20倍に増えた女性

ちなみにここで08年から09年にかけて開催された「年越し派遣村」を振り返りたい。

リーマンショックが起き、全国に派遣切りの嵐が吹き荒れたことを受け、労働組合などの有志らで開催された年越し派遣村。役所が閉まる年末年始の6日間、野外のテントで職も住まいも所持金も失った人々がともに年を越した取り組みだが、あの時、派遣村となった日比谷公園を訪れたのは505人。うち女性はわずか5人、1%だった。

しかし、コロナ禍で様相は大きく変わった。

例えばコロナ禍1年目の20年末から21年の年明けにかけて、東京・大久保公園で「コロナ被害相談村」が3日間にわたって開催された。主催は08年の「派遣村」を担ったメンバーら。派遣村の時のように公園に宿泊するのではなく、相談を受け、住まいのない人は東京都が確保したホテルに誘導するなどした。

この相談村で私も相談員をしたのだが、3日間で訪れたのは344人。うち女性は62人。派遣村の時は1%だった女性が、18%にまで増えたのだ。

その62人のうち、29%がすでに住まいがなく、42%が収入ゼロ、21%が所持金

1000円以下だった。

この事実を受けて思ったのは、「女性のホームレス化」は、見えないままにかなり広範に、そしてかなりのスピードで広がっているのでは、ということだ。そんな女性たちは身綺麗で、とても「ホームレス」状態には見えない。見分けがつかないから、隣にいてもわからない。

しかし、話をよくよく聞くと、すでに家賃滞納でアパートを追い出され、ファストフードやネットカフェを転々としている人もいれば、家賃はなんとか払っているものの、食費を限界まで削ってきた果てに痩せ細っている人もいる。携帯が止まっている人も多い。そのような人たちに食料などを配布し、生活保護など公的支援に繋げることでコロナ禍1回目の年末年始は終わったのだが、翌年、やはり「コロナ被害相談村」が開催されると、女性は更に増えていた。

2日間で訪れた418人のうち、女性は89人で21%。中には残金ゼロ円で住む場所もなく、寒さに耐えるために何日間も歩き続けた果てに自殺を考えているという女性もいた。

しかし、街を見渡せば、女性ホームレスを目にすることはほとんどない。当然と言えば当然

炊き出しの配食手伝いをする筆者

だ。女性は「困窮している」とバレるだけで危険に晒されるのだから、とにかく必死で困窮を隠している。だからこそ、「見えない」。

ちなみに私は06年から17年、貧困の現場で取材、執筆、支援活動を続けているが、コロナ禍で初めて、「失業のみを理由とした女性ホームレス」に出会った。コロナ禍以前に出会う女性ホームレスの人々は、その誰もが「失業以外の理由」があった人たちだったからだ。

夫のDVから逃げている、虐待がひどい実家から逃げ出した、精神疾患がある等々。このような事情から住民票が移動できなかったりで結果的に働けず、ホームレス状態となっていたのだ。しかし、コロナ禍では、それまで派遣などで働いていた女性たちが失業し、家賃滞納であっという間にホームレス化に晒され、実際に一部が路上に出てしまったのだ。

そのような中には、民間の賃貸アパートや会社の寮などに住んでいた人もいたが、目立ったのはシェアハウスからの追い出しだ。

◆シェアハウスの落とし穴

一般の賃貸物件と違って規制が緩いシェアハウスでは、わずか家賃1ヶ月の滞納での追い出しもまかり通っており、その際、「一括で10万円払うこと」など利用者に不利な契約を結ばされていることも多々ある。シェアハウスの特徴は、「若者の交流の場」的なキラキラしたものがある一方で、貧困ビジネスと言いたくなるような脱法的なものも存在することだ。

そんなシェアハウスについてのデータは少ないのだが、ここに国土交通省が行ったアンケートがある。(https://www.mlit.go.jp/common/001151588.pdf)

回答者の5割強が女性で、4割が20〜25歳。事業者は5割弱が「圧倒的に女性が多い」と回答し、最多年齢層として25〜30歳と答えている。

入居者の就業形態はというと、正社員が32・8%、学生が28・3%、アルバイトが12・2%。入居時の平均月収は「収入なし」がもっとも多く18%、15〜20万円が16・9%、10〜15万円が16・6%。入居した動機については、回答者の4割以上が「家賃が安いから」と答えている。そんなシェアハウスの家賃は、個室だと5〜6万円が29・0%、4〜5万円が24・6%、6〜7万円が18・8%。

シェアハウスは「若い女性に人気」と言われるが、その中にはシェアハウスに住むしか選択肢がないという人も多くいるのだ。一般の賃貸物件のように入居審査が厳しくないのも理由だろう。現在、非正規で働く人々やフリーランスは賃貸物件の審査に落ちることが少なくない。よって一般の賃貸に住みたくてもシェアハウスにしか入れないというケースもあるだろう。

そんな「女性の非正規化」「貧困化」というニーズに応えるようにして増え続けてきたシェアハウス。コロナ禍で露呈したのは、このようなシェアハウスの一部がわずかな滞納で追い出されるなど「ホームレス化の入り口」となっているということだ。

ちなみにこのような居住の貧困、私にとっても決して他人事ではない。

数年前だが、賃貸物件の入居審査に落ちたのだ。理由はフリーランスであることに加え、それまで保証人をしてくれた父親の年齢が65歳を超えたこと。業者によっては、65歳以上は保証人と認めないようなのである。

「父の加齢」という、物理的に逃れようのないことによって賃貸物件に入ることさえ難しくなった自分の「社会的信用のなさ」には驚いたが、もし、私が単身ではなく「正社員夫」とつがいになっていたとしたら。例えば住居としてではなく仕事場を借りるなどの際、「正社員夫」が保証人になってくれればすべては楽勝。世の中にこのような「壁」があることにすら気づかないだろう。

かように、世間は「安定層の男」とセットになっていない女には厳しい。

そんな私が今から不安なのは、「高齢」になった時、住める賃貸物件はあるのかということだ。今でさえ、単身、フリーランス。そこに「高齢」が加わったらまさに三重苦ではないか。男女問わず、高齢者は賃貸物件の入居差別に晒されているが、これからもっと高齢化社会になることは分かりきっているのだから、「居住」という生存の基本が担保される社会であってほしいと切に望んでいる。

◆コロナ禍での「女性不況」

さて、見えづらい女性の困窮だが、数字は女性たちの苦境を浮き彫りにする。

例えばコロナ禍1年目、20年7月の労働力調査によると、前年同月比で非正規雇用者は

131万人減。男性が50万人減、女性が81万人減。同年10月には前年同月と比較して85万人減少。男性は33万人、女性は53万人減っている。非正規雇用の女性がこれだけ職を失っているのだ。そして、その数は男性よりもずっと多い。

様々な相談を受けていても、ある職場の中でまず非正規女性が切られ、次に非正規男性が切られ、正規雇用の人が切られるのはそれからという順序は共通している。

また、野村総研は21年の2月時点で女性の実質失業者が103万人という試算を発表している「実質失業者」とは、パート・アルバイトのうち、「シフトが5割以上減少し、かつ休業手当を受け取っていない人。女性だけでその数が100万人を超えるというのだ。

そんな女性の苦境を示すように、コロナ禍、女性の自殺者は増加。20年の1年間で女性の自殺者は7026人と前年比で15・4％増。以降、21年は前年比42人増の7068人、22年は前年比67人増の7135人と増加が続いている。

先に紹介した「中高年シングル女性の生活状況実態調査」には、コロナ禍での厳しい経済状況と子育てに悲鳴を上げる女性の声も紹介されている。

「正社員で保険営業をしていましたが、コロナ禍心身限界で今年1月退職。失業保険をいただきながら、パートで事務職を見つけ、働き始めてすぐ長女が感染、下の子の保育園も学級閉鎖になり、長期で休まなくてはならず、2週間働けないと時給で暮らす私達の経済は、飢えるほど苦しくなります。後半は保育園児をお留守番させて働きに出ました。そうするしか無いのです。今月とうとう家賃をはじめて滞納してしまいました。都民住宅JKKですが、7万するので非常に厳しいです。（40代　離婚　非正規職員）」

「ワンオペシングルなので、感染した場合自分ひとりで対処せねばならず、子どもと自分の健康と生活が不安で働きに出られない。余分な出費と感染を避けるため外出ができず、密室育児が続いており、精神的負担が大きい。コロナ前と比較して出費は増えたが、就労による収入が減ったわけではないため、貸付けや給付も対象外となる場合がほとんど」（40代　非婚　未婚の母）

4、「女性による女性のための相談会」から見えてきたもの

◆「女性による女性のための相談会」

女性たちの苦境を受け、21年3月からは、不定期で「女性による女性のための相談会」が開催されてきた。

DVの専門家や弁護士、労働・生活問題に詳しい支援者らが相談を受ける取り組みで、私も相談員をつとめてきた。相談員、スタッフ、ボランティアは全員女性。23年7月までに6回開催されているのだが、このような形となった背景には、困窮者支援の現場が「男性中心」だったことがある。

それもそのはずで、これまで、相談会や炊き出し、困窮者への食品配布に訪れるのは9割以上が男性だった。しかし、コロナ禍で炊き出しの光景もがらりと変わった。コロナ前は近隣で野宿する中高年男性しか来なかったような炊き出しに、今や若い女性が並ぶ光景は珍しくない。仕事も住まいもあるものの、収入が半減して食費にも事欠くという理由で並ぶ女性もいれば、失業中の夫と子どものため、都内の炊き出しを巡って食料を集める女性もいる。相談会にはベビーカーを押した母親も訪れる。そんなふうに支援の現場に訪れる女性の中には、当然、DV被害や性暴力被害の経験がある人もいる。

コロナ禍、相談会などの現場に女性が増えるとともに、「男性弁護士ではなく女性弁護士に相談したい」「男性の支援者には話しづらいので女性がいい」といったニーズが寄せられるようになり、女性だけの相談会が開催されたのだ。

1回目の相談会は2日間にわたって開催され、120人ほどが訪れたのだが、最も多かったのは50代。ついで40代、30代。20代も10人いた。

相談内容で最も多かったのは「仕事」のことで、ついで「心とからだ」、「家庭・家族」と続く(複数回答)。

6回にわたる相談会で相談員をして気付かされたのは、女性の相談の場合、「労働相談」「生活相談」と割り切れるものが少ないということだ。

自身の病気、夫のDV、離婚、子どものこと、借金、パートでの問題など、様々な要因が複合的に絡み合っている。男性の相談を受けていて、「家庭・家族」というキーワードが出てくることはあまりないが（長年単身生活をしている人も路上生活の人も、家族と縁が切れていることが多いため）、女性は家族問題が大きな割合を占めている。先に紹介した電話相談でも、女性から以下の声が寄せられた。

「コロナでシフトを減らされ、休業手当はあるが月5万円。夫は一切生活費を渡さない。昨年暴力を振るわれて警察を呼んでから食事は作らなくなった。作っても食べない。家に居場所がなくパートのない日でも家を出て車で過ごす。別居にも踏み切れない」

このような、収入減とDV、家にもいられないが経済的理由から別居も難しい、というような相談が少なくないのだ。また、コロナ禍初期の学校の休校で働けなくなった、親が入居する高齢者施設でクラスターが発生して閉鎖となったため、親の介護で仕事を続けられなくなった、などの声もある。ケア労働が女性に集中するというういい例だろう。

この相談会、第1回目の会場は日本有数の繁華街、新宿・歌舞伎町の公園だったため、近隣のネットカフェで寝泊まりする若い女性からの相談もあった。その中には「生理が遅れている」という、望まない妊娠が疑われるものもあった。昨今、歌舞伎町近辺の「立ちんぼ」女性が話題だが、その中には、コロナ禍で仕事を失い、身体を売るしかない状況まで追い詰められた女性たちもいる。

一方、コロナ禍の「女性不況」の象徴のようなケースもあった。コロナで派遣の仕事を切られ、以来、短期の仕事を繰り返してきたものの貯金も尽きて家賃も払えず残金が1万円ほど、という状況の女性だ。この女性の場合は後日、生活保護申請に同行した。

すでに3年ほど住む場所がないという女性もいた。日雇いで稼いでお金がある時はネットカフェに泊まるものの、お金がない時は野宿という生活を3年間も続けてきたという。緊急性が高いため、相談会の場から直接、某区に生活保護申請。その日から1ヶ月間、ビジネスホテルに泊まりながら次の行き先を探すことになった(都内では、住まいのない人が生活保護申請をすると1ヶ月間ホテルに宿泊でき、その間にアパートを探して転宅するという流れがコロナ禍でできていた。が、22年11月に実質終了。おそらく全国旅行支援が始まり、ホテルが埋まったからだと思われる)。

このように、コロナによってそれまでギリギリ成り立っていた非正規の暮らしが破壊された女性もいれば、コロナ以前から苦境にいたという女性もいた。

共通するのは、誰も自分が福祉の対象だなんて思っていないことだ。家がなかった彼女は、コロナがなければ、今も路上とネットカフェ生活を繰り返していただろう。

このように、コロナ禍によって初めて支援団体と繋がり、生活保護を利用して数年ぶりにアパート生活に戻れたという人々が多く出たことは、コロナ禍において唯一の「いい面」と言える。

◆新型コロナ5類移行後、食品配布に並ぶ人数は過去最多に

さて、新型コロナは23年5月8日、季節性インフルエンザと同じ「5類」扱いとなり、以降、世間にはすっかり収束ムードが漂っている。

しかし、そのタイミングである「過去最多」が更新された。

23年5月27日、東京都庁前で開催されている「もやい」と「新宿ごはんプラス」による食品配布に、過去最多の749人が並んだのだ。毎週土曜日に開催されているこの食品配布、コロナ前から続けられているのだが、以前は近隣で野宿する中高年男性50〜60人くらいが並ぶものだった。それがコロナ禍でどんどん増え続け、とうとう750人近くなったのだ。前述したように、並んでいる中には若い女性もいれば子連れの母親、父親もいる。しかし、なぜこのタイミングで最多となったのか。

背景にあるのは、コロナ禍だけでなく猛烈な物価高騰だろう。何しろ消費者物価がずっと高騰し続けているのである。

収束ムードだからといって、そして観光地や宿泊業界に賑わいが戻ってきたからといって、一度痛めつけられた人々の生活は急には立て直せない。長引く失業や減収で貯金がなくなり、今になって万策尽きたと相談に来る人もいる。

また、23年1月になり、困窮者をさらに苦しめるようなことが起きている。その原因は、「特例貸付」。これを利用した人たちの返済が、早い人では23年1月から始まったのだ。

この制度は、コロナ禍で困窮した人に最大200万円を貸し出すというもの。国のメインの困窮者対策が給付ではなく「困窮者に200万の借金を負わせる」というものだったことには当初から大きな批判があったのだが、実に多くの人が利用した。貸付件数は22年9月までで、約335万件。総額で1兆4628億円。早い人でその返済が23年1月から始まっているのだが、「到底返せない」という悲鳴があちこちから上がっているのだ。

「単身。年金と自営業（販売業）で生活しているが自営収入が低下し生活が成り立たない。社協の特例貸付も課税世帯のため返済も始まり生活が苦しい」（70代男性）

「コロナの影響で仕事がなくなった。休職しているがなかなか見つからない。コロナ貸付の返済が苦しい」（60代男性）

「4人家族、配偶者、子ども2人。持ち家。借金あり。特例貸付金返済中。現在の月収1万円。個人請負で工事の仕事をしているが、コロナで仕事が減ってしまった」（40代男性）

「妻と2人世帯。一戸建て。住宅ローン月11万円、あと3年半。世帯収入は年金と夫のアルバイトで月額22万円程度。コロナ特例貸付を合計80万円借りたが返済困難」（70代男性）

特例貸付は、住民税非課税などの条件をクリアすれば返済が免除される。が、ギリギリ課税世帯だったためすでに返済が始まり、それが今の生活を圧迫している人たちがいる。また、「現在の月収1万円」というケースは明らかに免除の対象だと思うのだが、免除されるためには申請が必要だ。そのようなことを知らないまま、苦しい中から返済を続けている人も多いのかもしれない。

これらの声は、23年4月30日に開催された「いのちとくらしを守る　なんでも電話相談会」に寄せられたものである。

同時にこの日は、「物価高、電気、ガスの高騰で生活は苦しい」など物価高騰への悲鳴が数多く寄せられた。

このように公的支援は急速に後退しているが、困窮した人々の状況が改善されているかと言えばまったくそんなことはない。

◆「何か」が起きるたびに、生活を根底から破壊される人々

そんなコロナ収束ムードの中、改めて、この3年間はなんだったのだろうと考えている。困窮者支援の現場にいる人々が「野戦病院」と口を揃えた怒涛の日々。

コロナ禍をきっかけに、私はこの国の穴だらけのセーフティネットが見直され、穴がふさがれるだけでなく、もっと分厚いものになるのではと期待していた。感染症の流行などであっという間にホームレス化する人が出るような社会の脆弱性が見直され、雇用や住まいの安定がもっと重要視されると思っていた。

なぜならこの3年間、何かあったらあっという間に生活を破壊される人々が膨大に存在するということを突きつけられてきたからだ。

いや、この3年ではない。

リーマンショックがあった15年前、それは「年越し派遣村」という形で白日の下に晒された。派遣切りの嵐が吹き荒れた結果、職も住まいも所持金もなくした人が多く生み出された経済危機。それから3年後の東日本大震災でも、サービス業などを中心に多くの失業者が生み出された。

コロナ禍で私がもっとも驚いたのは、相談会に訪れたホームレス状態の男性に、「年越し派遣村の時もお世話になった」と言われた時だ。15年前、派遣村を訪れてセーフティネットにひっかかった男性が、コロナ禍でまた同じようにホームレス状態になっている。その間、生活保護を利用したり働いたりしてきたものの、非正規の彼はコロナで真っ先にクビを切られてしまったのだ。

もう一人、印象に残っているのは「2度目のホームレス化の危機」を経験した女性だ。3・11の時、飲食店で働いていたものの自粛ムードで客が来なくなったことをきっかけに職と住まいを失ったという女性。彼女はコロナ禍で、また同じ状況に追いやられていた。

このようなことから分かるのは、この国には、経済危機や災害、感染症の流行といった「何か」が起きるたびに、生活を根底から破壊される層が多くいるということだ。「失われた30年」の中で、そんな人たちが膨大に増やされてきたのである。

しかし、非正規雇用を増やせばこうなることなど分かりきっていたではないか。そう思うと、政治の無策に頭を抱えたくなる。

例えば前述したように、非正規雇用率が95年当時の2割ほどで、その多くが学生や主婦といった層であれば、決してこんなことは起きていないはずだ。それが今や4割近くとなり、その多くが自らが稼ぎ手だからこそ、このような状況になっているのである。人為的に不安定雇用が増やされた結果、ホームレス化が進んでいるのに、この国の政治はいまだに「自己責任」とそっぽを向いている。

一方で、この国のセーフティネットは、そんな現実に即した形にはまったくなっていないということも、コロナ禍で改めて感じたことだ。

例えば住まいを失わないための「住居確保給付金」。この制度はコロナ禍で支給要件が緩和され、利用者はコロナ前の34倍になったのだが、支援団体などが求める「使い勝手のいい、恒久的な家賃補助制度」はできていないしその気配もない。

ちなみにコロナ以前、私は「住居確保給付金」を「幻の制度」と呼んでいた。あまりにも要件が厳しいからだ。なぜなら以前は離職や廃業から2年以内で、月2回以上ハローワークで職探しをしなくちゃいけなくて、その上65歳未満で、単身で貯金が50万円以上あるとダメで、申請月の収入が「市町村民税均等割が非課税となる収入額の12分の1」+家賃額以下であることなど、「これ絶対使わせる気ないだろ?」的な意地悪すぎる説明と細かすぎる条件に満ちていたからだ。コロナ禍、この要件が少しは緩くなったのだが、気軽に使えて使い勝手がいい制度とは到底言い難いし、コロナ5類移行の現在、再び制度利用は難しくなったと聞いている。

較して利用者は3万人ほど減っている状態だ。

◆生活保護への根強い忌避感

一方で、コロナ禍、生活保護を利用する人が増えたかと言えば答えはノー。なんと19年と比較して利用者は3万人ほど減っている状態だ。

その背景にあるのは、「生活保護だけは嫌」という忌避感だろう。この3年、私も相談員をしていて「生活保護を受けるくらいなら死んだほうがマシ」などの言葉を多く聞いてきた。この国にはびこる差別とバッシング、そして偏見が、命の危機にある当人を制度利用から遠ざけている。「これを使うくらいなら死んだほうがマシ」とさえ言われてしまう最後のセーフティネットとはなんぞや、ということをコロナ禍、深く深く考えさせられた（そんなことから23年1月、生活保護への理解を深めるための『学校では教えてくれない生活保護』を出版もした）。

一方、丁寧に説明することで制度利用にたどり着いた人も多くいるが（この原稿ではそんなケースを紹介してきた）、所持金1000円以下、携帯も止まり、今夜が初めての野宿になるという状況でも、「それだけは嫌だ」「馬鹿にしてるのか」と相談会の席を立つ人もいた。

もうひとつ、生活保護の利用を阻んでいるのは「扶養照会」だ。

生活保護を申請すると、家族に「あなたの娘さん／お父さん／お姉さん／弟さんが○区で生活保護申請をしているのですが面倒を見られませんか」と連絡がいく。これがどうしても嫌、絶対に家族には知られたくない、迷惑をかけたくないということで申請を拒む人が多いのだ。が、そんな扶養照会、コロナ禍で運用が変わった。21年4月より、本人が嫌がる場合には丁寧な聞き取りをし、無理にはしない方向に変わったのだ。これはコロナ禍で唯一くらいによかったことだが、今でも「無理やり扶養照会された」という相談が来るのも事実である。

◆諸外国の社会保障

このようなことを考える時、諸外国のやり方は非常に参考になる。

例えばドイツでは、コロナ禍すぐの20年春の時点で「家賃を滞納しても最大2年間は追い出されない」というルールができた。大家さんには国からの補助がある。もし、このようなルールが日本でもできていたら。少なくとも、防げたホームレス化、防げた自殺は確実にあると思うのだ。

しかもこのやり方であれば、今いる場所に住み続けるのでそれほど予算もかからない。家賃があまりにも高い人には転宅指導がなされるとしても、生活保護の家賃基準くらいであれば、「家賃だけ」生活保護を利用する形に運用を変えることによって、日本でだってすぐにできたはずだ。そうして手続きをうんと簡素化して徹底的に広報すれば、住まいを失わずに済んだ人も多くいただろう。

それだけではない。ドイツではコロナ前から、家賃滞納者が出ると大家さんが役所に通報するという制度がある。家賃滞納は困窮のサインだからだ。そうして役所の担当者が滞納者のもとに赴き、生活保護などにつなぐ。この程度のことも、日本では「個人情報」を理由になかなかなされない。

韓国の制度も参考になる。韓国ではまず、偏見を払拭するため生活保護の名前を「国民基礎生活保障」に変えている。

それだけでなく15年からは「単給」にした。家賃だけ、医療費だけといった形でバラで利用できるのだ。例えば月収14万円で家賃6万円という人が、家賃分を給付されたらどれほど楽になるだろう。そのような使い方で制度利用はカジュアル化し、貧困率も下がったという（韓国とドイツの詳しいことについては『学校では教えてくれない生活保護』を読んでほしい）。

翻って日本を見れば、利用しやすい制度への抜本改革にはほど遠い。

◆バス停で殺されたホームレス女性

さて、ここまで不安定層の女性について書いてきた。

今、思い出すのは20年3月、ある労働組合の電話相談に寄せられた声だ。

「スーパーで試食販売で派遣されていたが、2月中旬から仕事がなくなった」（派遣　女性流通）

その年の11月、渋谷のバス停にいたホームレス女性が殺害された。亡くなった女性の携帯は止まっており、所持金は8円。

その女性も、2月に試食の仕事を切られていた。広島県出身、約3年前まで杉並区のアパートに住んでおり、2月頃まではスーパーで働いていたという。事件が起きたバス停のベンチで寝泊まりするようになったのはその年の春頃から。バス利用者のいない夜中に来て、朝早くいなくなったという彼女は、いつも大きなキャリーケースを引きずっていたそうだ。住まいを失い、屋根のある場所を探し続け、やっと見つけたのが吹きっさらしの、だけどわずかに屋根のあるバス停だったのだろう。しかし、ベンチには横になれないよう、しっかり仕切りがついていた。

事件から5日後、母親に付き添われて逮捕されたのは46歳の男。

男は母親と二人暮らしで、自宅マンション1階で母親とともに酒屋を営んでいたという。3年前に亡くなった父親は、「息子がひきこもりがち」と心配していた。近所の人の中には男を「クレーマーのようだった」と話す人もいたようで、近くに引っ越してきた人は、アンテナの設置位置を変えるよう強く求められたという。その際、男は「自宅のバルコニーから見える世界が自分のすべて。景色を変えたくない」と語ったそうだ。

そんな男は事件前日、バス停にいた女性に「お金をあげるからどいてほしい」と言ったという。が、翌日もまだ女性はいた。無防備な女性に対して、男は袋に石を入れ、殴りつけたという。逮捕された男は、「自分は地域でゴミ拾いなどのボランティアをしていた。バス停に居座る路上生活者にどいてほしかった」などと事件の動機を説明しているという。

その後、男は傷害致死の疑いで逮捕・起訴されるものの、保釈中だった22年4月、都内で死亡しているのが見つかった。飛び降り自殺とみられている。

あの事件の翌月、渋谷では「殺害されたホームレス女性を追悼し、暴力と排除に抗議するデモ」が開催された。夜の渋谷の街を170人がキャンドルを手に、追悼と抗議を込めたサイレントデモをした。

「社会に出てから一度も正社員で働いたことがありません。ずっと非正規や日雇いで暮らしてきました。今、コロナで仕事もなくなりました。本当にまったく他人事とは思えません」

デモ出発前、参加者の女性の一人はマイクを握ってそう語った。「他人事じゃない」。この日、参加した女性たちから多く聞いた言葉だ。

デモ参加者の中には、「彼女は私だ」と書かれたプラカードを持つ女性の姿もあった。

5、中国「寝そべり族」「アジアの貧乏人連帯」から目指すべきもの

不安定層の女性たちが「他人事じゃない」と胸を震わせたあの事件から、3年。私たちはコロナ前から、この国が衰退の一途を辿っていることを実感している。

30年間、賃金が上がらない唯一の先進国。そんな中、貯蓄ゼロ世帯は単身で34・5%、2

人以上世帯で23・1％（22年）と増える一方だ。そして実質賃金はこの13ヶ月連続で下がり続けている。

その一方で43兆円の軍事費はあっという間に閣議決定。暮らしを支える社会保障費は、ずっと「財源がない」ことを理由に削られ続けてきたというのに。

「普通に暮らせる仕事がしたい」

コロナ禍、多くの女性たちから聞いてきた言葉だ。別に給与が高くなくても仕事がつまらなくてもいい、ただ、自立して生活できるだけの賃金がほしい、と。

私が子どもだったバブル時代、「普通の仕事をしたい」なんて言葉を聞くことはなく、みんな「特別な仕事、おいしい仕事」を目指していた。しかし、支援団体のメールフォームには、今日も「安定した仕事がしたい」「家がある暮らしをしたい」「帰る場所のある生活に戻りたい」という切実な声が届いている。男性からも女性からもだ。

仕事、住まい、健康、家族、そして親の老後や自らの老後など考えるべきことは山のようにある。

そんな中、最後に書いておきたいのは、このような不安定な状況は世界各国で起きていることでもあり、さまざまな国から「抵抗」も始まっているということだ。

◆中国で大流行の「寝そべり族」と日本の「だめ連」

例えば20年頃から中国で注目され始めた「寝そべり族」。

競争の激しい中国で若者の間に、結婚もせず子どもも持たずマンションも車も買わずなるべく仕事をせず、最低限の暮らしをするというムーブメントが流行っているのだ。そんな若者たちが「寝そべり族」と呼ばれて人気になり、中国当局を不安にさせているという。

その少し前、中国の若者を表す言葉と言えば「９９６」だった。朝9時から夜9時まで週6日働くという長時間労働を指す言葉だ。そんな過酷な働き方の中、「もう疲れた……」とばかりに寝そべり始めた中国の若者たち。

そんな「寝そべり族」は９０年代の日本で大きな注目を集めた「だめ連」を彷彿とさせるものである。「だめ連」とは、就職もせず、結婚もせず、上昇志向とは無縁の人々。もともとモテない、職がない、なんの取り柄もないなど「だめ」な人たちが、「だめ」をこじらせないように世の中の支配的な価値観を捉え返す場としてできたという。そんな「だめ連」では、「うだつ問題」(どうやってうだつを上げるかにこだわることなど)や「ハク問題」(箔をつけることにこだわること)などが大いに議論され、とにかく「交流」が良しとされてきた。

そんな「だめ連」を始めたのは神長恒一さんとぺぺ長谷川さん。残念ながらぺぺ長谷川さんは２３年2月、５６歳で亡くなってしまったのだが、晩年まで最低限のバイトしかせず、とにかく交流をメインに生きてきた。そして神長さんは５０代の現在も月収7万円くらいの賃労働しかせず、それ以外の時間をあらゆる遊びや活動に使ってむちゃくちゃ楽しそうに生きている。そんな神長さんは中国・寝そべり族の台頭を「来た！ 中国版だめ連！」と評しているのだが、このようなムーブメントは世界各国で発見されている。

例えば韓国には９０年代から韓国版・だめ連と言うべき「ペクス連帯」があり、「だめ連」とは当時から交流を続けていて、私も何度も日本や韓国で会っている。

さらに「寝そべり族」の台頭を受け、シンガポールやフィリピンでも同様のムーブメントがあることが確認されている。

そんな「寝そべり族」、誰がいつ、どのように始めたかなどすべては謎に包まれているのだが、少し前、中国のとある地方で「寝そべり主義者宣言」という文書が発表され、中国各地で印刷されてばらまかれ始めたのだという（ちなみに誰が書いたか不明というからシビれる）。そうして２１年、日本の松本哉氏がそれを入手。ちなみに松本哉氏とは、大学時代は「法政の貧乏くささを守る会」を立ち上げ、その後、「貧乏人大反乱集団」などの活動をしてきた人で、東京・高円寺の貧乏で愉快な人々のコミュニティ「素人の乱」を作り、また3・11後にいち早く「原発やめろデモ!!!!!」を主催した人物だ（７４年生まれ）。

そんな松本氏が台湾の友人に翻訳を依頼。そうして日本語訳の「寝そべり主義者宣言」（翻訳ＲＹＵ　細谷悠生、解説と序文　松本哉、寄稿　神長恒一）が２２年1月に完成し、地下流通的に出回り始めたのだが、一年ちょっとですでに２０００部以上売れている。一般書店などでは決して手に入らないのにだ。

そんな松本氏は、以前から国境を越えて貧乏人が連帯する実践を続けているのだが、その代表が「NO LIMIT」と呼ばれる動きだ。

◆アジアに広がる謎の貧乏人連帯「NO LIMIT」

きっかけは3・11。原発事故を受けて「自分も日本に住めなくなるかも」と思った松本氏は、アジアをはじめとして世界各国に繰り出して飲み歩くようになる。酒の力で言葉の壁を突破し、気がつけば世界中に友人ができていた松本氏は、高円寺に「マヌケゲストハウス」という宿を開設。世界中の友人たちが遊びに来るようになったからだ。そんな彼が各国の友人たちを日本に呼んで1週間くらい一緒に遊びまくったのが16年に開催された「NO LIMIT 東京自治区」。

来日したのは韓国、台湾、香港、中国、インドネシアなどを中心に200人ほど。ミュージシャンやアーティスト、アクティビストや「高円寺にくればなんとかなると聞いた」とのたまう一文無し、台湾で野宿生活をする若きバイオリニストなどが押し寄せ、連日、路上大宴会が開催された（みんな店に入る金などない）。初日には「アジア永久平和デモ」が開催され、最終日には「鎖国反対パレード」。約1週間、いろんな国のバンドがライヴをしたりイベントをしたのだが、みんなの根底にあったのは、アジアの国々で緊張が高まっても、とにかく民間人同士が仲良くなりまくってたらなんとかなる、という思いである。

そのような崇高な理念のもと飲酒活動をした果てに10人以上が帰りの飛行機に乗り遅れたのだが、この大交流に味をしめ、翌年には韓国で「NO LIMIT ソウル自治区」が、そして18年にはインドネシアで「NO LIMIT ジャカルタ自治区」が開催された。この数年はコロナで中断していたのだが、23年9月22日から10月1日まで、「NO LIMIT 2023 TOKYO 高円寺番外地」が開催された（この模様は鼎談で語っているので詳しくはそちらで）。

　集まったのは、世界中の「国がいくら分断煽ったって関係ないぜ」系の人たちである。

　こうして世界中の人、特にアジアの人々と交流して気づいたのは、ここまでに書いたような不安定雇用や女性の苦境は、どこの国も同じようなものだということだ。新自由主義のもと、不安定雇用が増やされ、あらゆる国で「どんなに頑張っても決して報われない層」が膨大に生み出されている。

2016 年「NO LIMIT 東京自治区」では毎晩路上宴会が開かれた

2023 年の「NO LIMIT 高円寺番外地」の模様

それに対してこうして連帯が始まっていることの意義は、非常に大きいと思う。しかも「今のシステムがひどいからなんとかしよう」という次元を超えて、「今のシステムがおかしいから自分たちで勝手にやろう」というスタンスだ。

資本が国境を越えて暴走と搾取を続ける中、私たちはこのような形ですでに国境を越えて連帯し、一緒に次の世界を夢想し、時々それを高円寺やソウルやジャカルタの路上に出現させている。

一方で、23年頃からは「だめ連の再来」を思わせる「だめライフ愛好会」という謎のムーブメントが全国40以上の大学で派生し、どんどん勢力を拡大させている。主な活動はザリガニ取りや自販機小銭拾い、大学敷地内や路上での鍋や飲み会などの交流で、私もたまに参加している。

さて、資本主義への抵抗はこのような形で始まっていること、そしてそこではまさにここまで書いてきたようなことや各国のフェミニズム、あらゆる抵抗の手段や香港の逃亡犯条例反対運動を機に始まった「時代革命」の際のノウハウなどが語られ、作戦が練られていることを、最後に伝えておきたい。

第2章 プレカリアートユニオンに見る希望

清水直子

労働弁護士、ユニオンの仲間たちと（2019年2月）

1、新型コロナ感染拡大、弱者へのしわ寄せに対抗

2020年初頭から始まった新型コロナウイルス感染拡大の影響は、立場の弱い労働者に顕著に現れた。当時の安倍総理大臣による「緊急事態宣言」が出された2020年4月を前後して、人が集まる施設の使用が制限され、学校も休校になった。不安定就労層が職を失い、子どもを育てながら働くシングルマザーは、仕事に行けなくなった。

◆突然の休校、仕事に行けず無給に

「家賃が払えない」。

2020年3月、東京都内にある大手携帯電話会社のグループ会社で2ヶ月の雇用契約を2019年11月から更新して働いてきた坂井さん(仮名)。新型コロナウイルス感染対策として、政府が2020年3月2日以降全国の小中学校に臨時休業を「要請」したため、坂井さんの子どもが通う小学校が休校になった。

シングルマザーである坂井さんの当時小学校3年生になるお子さんは障碍《しょうがい》を持っており、仕事を休んで自宅で世話をしなければならない。同じ職場で長く働いていたものの、委託先の変更で現在の会社との雇用契約は半年が経過しておらず、年次有給休暇はまだ付与されていない（別の

会社に2011年7月にパート社員として入社、その後契約社員となったものの、業務の委託先が変わることになり、2019年11月に現在の会社に入社したばかりだった)。

坂井さんは、休校により就労が困難になった期間について、新設された「新型コロナウイルス感染症による小学校休業等対応助成金」を利用して、有給の休暇とすることを会社に求めた。しかし、会社は、合理的な理由を説明することなく、「本社の判断である」と言うのみで、有給の休暇を取得させることを拒否した。子どもの学校の休校により就労困難になった期間については欠勤となり、月額19万7000円の給料は1円も支払われないことになった。

児童扶養手当は2ヶ月に1回8万円程度の給付がされるのみ。4月16日の給料日、振り込みが0円になると、生活が成り立たない。

◆団体交渉の結果、有休の特別休暇扱いに

坂井さんは、同年3月末に新型コロナウイルス関連の労働問題に対応するホットラインを経由して、誰でも一人でも加入できる労働組合、プレカリアートユニオンに加入。「プレカリアート」とは、新自由主義下で不安定な労働や生活を強いられる人という意味の造語だ。2012年に十数人で結成し、現在組合員は約350人。助け合って職場の問題を解決するべく活発に活動している。私は、プレカリアートユニオンの執行委員長を務める専従役職員として、日々、様々な労働者の相談を受け、会社と交渉し、ともに問題を解決している。

さて、プレカリアートユニオンは、会社に対し、坂井さんのお子さんの通う小学校が休業になったことを受けて休業せざるを得なかった日については、有給の休暇として対応し、賃金を全額支払うことなどを要求して、団体交渉を申し入れた。同時に、通常の給料日までに解決できないこともあるため、坂井さんに生活保護の申請方法を説明、受給までをサポートした。

3時間以上に及ぶ団体交渉の結果、会社が年次有給休暇とは別の有給の特別休暇として扱うことに同意した。

同じ頃、大学で非常勤職員として働く女性も、プレカリアートユニオンの組合員となって大学と団体交渉を開始した。大学の都合で休業を命じた日について、正規職員には10割の休業補償をする一方、非常勤職員には6割しか払わない、という大学の対応について、非正規差別を行わないことを求めて団交を行い、粘り強く説明と説得をした結果、大学側が要求を受け入れた。

◆一人では弱いから団結権を行使する

これらの解決は、労働者個人の立場では実現できなかった。現に坂井さんも大学の非常勤職員の女性も、自身で雇用先に合理的な要求をしたが聞き入れられなかった。なぜ、労働者では実現できず、労働組合にはできるのか。雇う人と雇われる個々の労働者との間には、力関係でいえば圧倒的な差がある。どんなに有能な労働者でも、一人でできることには限界がある。皆さんも、これまで働いてきた様々な職場で、実感してきたのではないだろうか。皆さんの大多数を含め私たちは、労働する代わりに給料を受け取らないと生活できない立場の労働者。一人では力の弱い労働者が、まとまって、束になって雇い主にかかっていく、立ち向かう、相対するために団結権を行使して作るのが労働組合だ。

◆自分さえよければ、は損

労働者それぞれが、バラバラの状態で、個別に雇い主との関係しか作れていないとすると、お金を払う側が圧倒的に有利。私たちが、一人ひとり、ばらばらな状態で「自分さえよければ」「自分だけは認めてもらって抜け駆けをしたい」という、「悪い競争」をすれば、私たちはよりいっそう不利になる（誇りをもてるいい仕事をしようという切磋琢磨することは尊敬すべきことだと思う）。これは、短期的には得をするように見えて、中長期的には損をする。自分の労働条件について決める決定権を、ハンドルを雇い主に預けてしまう、決めてもらう姿勢だからだ。

雇い主に自分の労働条件を一方的に決められるのではなく、労働条件を決めるプロセスに関わっていく、命や健康を守って働ける環境を作る、労働条件を維持向上する、そのためにみんなの力を合わせることで生まれる力を行使する、というのが労働組合の役割だ。

◆「自分ファースト」な態度はそぐわない

好きだから、友達だから仲間になるのではなく（組合に加入したのは信頼できる人がいたから、ということはよくある）、労働者のモラルとして、そしてそうするのが合理的だから、自分さえよければという「悪い競争」はしないで、助け合うところが労働組合。本来は、好き嫌いで助け合うかどうか決めるところではないと私は考える。

労働組合は、お客さんとしてサービスの提供を受けるところではなく、自分が主体となって、自分が自分の人生の主人公として、職場の理不尽に泣き寝入りせず、問題を解決したりよりよい状態を実現するために行動する、ということを立場を同じくする労働者の仲間どうしで助け合って行うところ。しかし、自分のことで頭がいっぱいになってしまったり、不安定な労働や生活をしてきたこと、職場で嫌がらせをされたことなど、様々な事情で、精神的に不安定であったり、コミュニケーションに困難を抱えていたり、利己的であったり、同僚や経営者への恨みが強く他罰的な考え方に傾きがちな方もいる。

◆いわゆる「困難な人」も仲間に

例えば、自分が職場でパワハラをされたのに自分の味方にならなかった同僚に仕返しをしたい（それは自分を見下していることだから、あのような同僚が自分を見下すなど許せない、プライドが傷つけられた、というその人自身の差別心も垣間見えた）という人、管理職からとられた態度が気に入らないので、管理職個人に恨みを晴らしたいとして、組合の名前でその管理職個人の振る舞いに対する抗議文を連発しようとした人、会社側も問題解決をしようという姿勢を見せて和解協議をしている最中に、法外な解決金額に固執して、「街宣をすれば解決金が増額する」から街宣をしろと、まるで嫌がらせをして要求を実現しようとするかのように言い張る人も、実際にいた。

これらの振る舞いに対しては、交渉をともに担当する組合役員は、そう言いたくなるくらい傷ついていることは否定せず、しかし、労働組合の目的と、やっていいこと、いけないこと、できること、できないことを伝え、場合によっては毅然と対応する。労働組合は、「事件屋」ではない。その結果、自分の思うように動いてくれなかった、自分を認めてくれなかったと組合を逆恨みする人もなかにはいる。

また、生育環境や就労環境により自己肯定感が低かったり（その表裏の問題として過剰にその人の尺度による「能力主義的」な要求をしたり）、承認欲求が強かったりして、自分を自分の思うように認めてほしいと思うだけでなく、そうならないことによって組合や役員を逆恨みする人もいる。他の対人援助の場でよく見られるとも聞くが、それまで、認められたという感覚を持てずにきたために、組合という場では認めてほしいという思いのバランスがとれずに、恨みや攻撃に転化しているように見える人もいる。

また、もともとの精神的な困難から、現実の受け止め方が著しくゆがんでしまい、その人の頭のなかにだけある現実を公言し続けて組合を非難したり、自分を認めてくれなかった組合関係者を否定したいという思いが強いあまり、事実に反する誹謗中傷を発信し続けているうちに、その人自身が作り出した、その人にとっての都合のよい現実を信じ込もうとする人も、なかにはいる。

◆日本の個人処遇化の弊害

交渉を担当する役員や専従は、「困難な人」には、組合員の課題か自分の課題か、という課題の切り分けを行ったり、複数で見守りながら対応するなどしている。また、信頼関係を築いたまま、交渉が継続できるかどうかを確かめて、困難である場合には、話し合って交渉を取り下げることもある。対応できるキャパシティを超えていないかを確認し、担い手を育て、不安定な労働や生活を強いられる仲間を受け入れるからといって、運営を不安定にしない運営の工夫も行っている。

一方で「困難な人」を単に門前払いする、労働組合のゲーテッドコミュニティにしてしまうと、助け合いの組織である労働組合としては本末転倒、ということになってしまう。「困難な人」も多くは、労働組合で自らの職場の問題解決を通じて、仲間を信頼するということを思い出したり、自信を得たり、昔であれば職場で身につけたコミュニケーションの機微を身につけたりしている。

この間、労務管理が個別の評価による個人処遇化されたことで、労働組合として団結しづらくなったという指摘がされる。個人加盟の労働組合の運営についても、不安定な労働者をとりまくあらゆる状況が、個人加盟の労働組合の運営に影響を及ぼしているともいえる（当然といえば当然だ）。

◆自分の利益のためだけではない

一方、労働組合の主旨を理解しないまま、「自分さえよければ」と、自分のことにしか関心を持たず、一時的に労働組合を利用して、自分の直近の問題が解決したらすぐに組合をやめようと思っている人もなかにはいる。加入の段階で、脱退すること自体は自由だが、労働組合を費用の安い弁護士のつもりで一時的に利用するなら、労働組合の主旨には合わないので、最初からそのつもりなら、別の方法をとってほしい、助け合う仲間の一員になって、自分も自分より弱い人、困っている人を助けたり、みんなで身を守り合って力を行使できる労働組合の維持にできる範囲で（ノルマがあるわけではない）何らかの貢献をするつもりで加入されるなら大歓迎、とよくよく説明している。

お金を払ってサービスの提供を受けることに慣れすぎて、互助の精神によって自立的に助け合う、助け合って要求を実現するために合理的に行動する、という関係や行動が想像できない、受け入れたくない人もいる。

私たちが取り組んでいるのは、個別の労働問題の解決の単なる代行ではなく、労働運動だ。先人たちが、比喩ではなく実際に命がけで実現しようとし、次の世代に託してきたバトンを受け継いで、次の世代に渡す取り組みである。残業代を取り戻す取り組みにしても、自分の利益のためだけでなく、みんなのためでもあることだからやる、と思えるなら、そう思えるやり方でやれるなら、そんなあなたを歓迎する。そんな取り組みを一つずつ一緒に作って、ともに力を高めていこう。

2、悪質な職場で立ち上がるプレカリアートたち

私は、2007年から非正規雇用が中心の「若者ユニオン」の活動に参加し、2012年に、十数人でプレカリアートユニオンを結成。当初は書記長、その後執行委員長となり、現在、専従役職員として働いている。非正規雇用・不安定雇用・ブラック企業で働く比較的若い世代でも、非正規雇用が当たり前になったからこそ、個別案件の解決に終始するのではなく、職場に仲間を作って働きながら職場を変え、よりよい労働条件を実現したいと活動してきて、結成から11年で組合員は約350人になった。

2012年のプレカリアートユニオン結成以降、多くの若い世代の労働者、女性を始め多様なセクシュアリティの労働者、運送・介護・警備など人手不足の一方で賃金が上がっていない現場の労働者が、職場で被った理不尽に泣き寝入りせず、立ち上がって、仲間とともに問題を解決している。

◆シングルマザーが貧困に陥るトラップ

「9割以上が女性の職場なのに、出産を機に辞めていく後輩が後を絶ちません。少なくとも子

どもが小学校4年生になるまでは、育児時間への配慮が必要です。女性が出産・育児をしながら安心して働ける環境を作りたい」。

幼い2人の子どもを育てながら働く、30代でシングルマザーの白井さん（仮名）は、働きながら「育児ハラスメント裁判」に立ち上がった思いをこう語った。

アクセサリーの輸入・販売を行う小売店で、19年間にわたってバイヤーや複数の店舗の管理などを担当しながら正社員として働いてきた白井さんは、出産後、2人の幼い子どもを育てながら就労中の2014年5月からわずか1年の間に、3回にわたって降格処分を受け、年俸が568万円から約半分の304万円に減額された。

白井さんは、プレカリアートユニオンに相談の後、加入。団体交渉・組合活動としてのキャンペーン・親会社への直接行動も行いつつ、降格処分は違法・無効として、2015年11月、地位確認と差額賃金の支払いを求めて東京地裁に提訴した。

会社は、自宅から近い県内の店舗ではなく、あえて通勤に1時間半かかる店舗に通勤させ続けた。学童保育と保育園の保育時間内に送迎するには、6時間の時短勤務でないと間に合わず、さらなる減収を強いられた。その上会社は、翌年4月には、早番も遅番も土日祝日も出勤してもらうと通告していた。子育てをしながら働くことへの配慮は感じられず、退職に追い込もうとしているかのようだった。育児休業の期間だけで子どもが育つはずがない。こうした育児ハラスメントにより、多くの女性が正社員としての就労継続が困難になっている。特にシングルマザーの多くは、非正規雇用でしか働けず、貧困に追いやられている。

急激な減収により生活が困窮した場合、退職しなくても、働きながら一時的に生活保護を受給し、賃金と最低生活費との差額分を受け取りつつ、待遇を改善させるよう交渉することも可能。プレカリアートユニオンは、生活保護の申請もサポートし、団体交渉、直接行動に取り組み、裁判を支援して白井さんとともに闘い、白井さんが納得できる解決金を得ることができた。白井さんは、その後、地域で、子ども食堂の取り組みを始めた。女性を貧困に追いやるトラップを一つひとつ取り除いていきたい。

◆頸椎椎間板ヘルニアを発症した「トラガール」

トラック運転手は、日々過酷な環境での労働を強いられ、人手不足が深刻化している。そのなかで、女性のトラックドライバーを「トラガール」と呼んで活用をすすめる動きもあった。

運送会社でトラックドライバーとして働いていた40代の女性、鈴木さん（仮名）は、重い荷物を持ち運びするなかで頸椎椎間板ヘルニアを発症した。鈴木さんや同僚のドライバーは、配送の際に荷物の間に挟んで使用するベニヤ板を軽いものにするよう求めるなど、業務の軽減を求めてきたが、改善されることはなかった。

鈴木さんは、真冬に1枚約10キログラムのベニヤ板14枚を手作業でトラックに積み込む作業等に従事した後、肩から腕に強いしびれを覚えて起き上がることができない状況になった。ところが、会社は、頸椎椎間板ヘルニアの症状が強く出ている彼女に、さらに重いものを運ぶ作業を命じたのだ。1トンもの重量があるコンテナを1日目に10個、翌日に12個運ぶ作業に従事させられた結果、鈴木さんは、右肩から右肩甲骨、右腕にかけての激痛を発症して勤務を続けることができなくなった。このときの頸椎椎間板ヘルニアの発症については、労働災害に認定された。

鈴木さんは、右手の握力が6キログラムまで低下し、慣れた運転の仕事に復帰することはできない上、ボールペンを握ることもままならず、事務職で働くことも困難。やむを得ず、会社に損害賠償などの請求を求めて提訴した。

トラック輸送は日本の物流の根幹を支える大事な仕事。その最前線で働くドライバーが安心して仕事ができなければ、道路上の安全を損なうことにもなる。しかし、輸送コスト削減は、現場のドライバーにしわ寄せされている。従来は倉庫を管理する側が行っていた荷物の積み下ろし作業などがドライバーの仕事とされ、仕事の負荷は高まるばかり。労働条件の劣悪さから、ドライバー不足や高齢化が問題になっているが、人手不足のつじつま合わせとして、「トラガール」を持ち上げるだけではなく、女性が安心して働くことができる条件を整える必要がある。

◆弁償金が借金に。「アリ地獄」との闘い

「毎月2万円、私の年金から会社に支払いをしています。全部返すのに10年間かかります。

払わなければならないものなんですか」。

２０１４年、年配の女性からの電話相談だった。「アリさんマークの引越社」を退職した息子が会社に負わされた借金を、高齢の母親が、わずかな年金から代わりに支払っていた。

俳優の赤井英和さんのＣＭで知られる引越業大手の「アリさんマークの引越社」では、作業中に破損した荷物の弁償金を社員やアルバイトの給与から天引きして負担を強いていた。車両事故の損害など高額な弁償は、会社と一体の社員会からお金を貸し付けた格好にして、借金を背負わせられ、毎月の給料から天引きされる。弁償金が残っている状態で退職を申し出ると、半強制的に積み立てている社内預金と相殺され、さらには、退職してからも、分割で返済をさせられるのだ。働いても借金が増える、前近代的な仕組みを社員は、「アリ地獄」と揶揄《やゆ》していた。

仕事中に起きた荷物の破損や車両事故などの損害は、労働者側に故意や重過失がない限り、その事業を営んで利益を上げている会社が負うべきリスクだ。通常は、労働者側はほとんど負担する必要はない。労働者の不注意以前に、過労死ラインを超えるような長時間過重労働に従事させている会社の責任がまず問われるべき事案だった。同意のない給料天引きは違法。「同意」しても引いてよいとは限らない。

同社に対しては、天引きされた弁償金などの支払いを求め、プレカリアートユニオンの組合員約４０人が原告となる集団訴訟を提起。２０１８年２月、中央労働委員会で労使紛争の全てについて和解した。会社の体質の影響か、現役社員が立ち上がるのは難しく、原告は１人を除いて退職後の元社員だった。

◆包丁を突きつけられるパワハラ

飲食店の調理場で働く20代の労働者が、料理長からすれ違いざまに殴られたり、包丁の刃を突きつけられるなどのパワーハラスメントを受けて、ストレスで体調を崩した。朝起きるのが辛くなり少し遅刻をすると、自己管理ができていないとさらに責められた。月100時間近い時間外労働もあったが、労働時間が改ざんされ、残業代は月60時間分の固定残業代以上は一切払われなかった。辞めたいと言っても無視された。辞められないなら失踪しようと思うほど追い詰められた。

心配した親御さんが、泣き寝入りする前に一人でも加入できる労働組合に相談しようと、テレビ東京系『ガイアの夜明け』を見て、「アリさんマークの引越社」と闘う姿が紹介されたプレカリアートユニオンへの相談を促し、事務所に一緒に来てくれた。労働組合でできること、必要なことを説明したところ、勇気を出して、組合に加入。

1回目の団体交渉で、パワハラの再発防止策、加害者との距離の確保、パワハラ相談窓口と対応の整備、研修の実施、未払い賃金の支払いで合意。会社はすでに、パワハラが再発しないよう介入をしていた。会社が組合からの団交申し入れをいい機会として、人が次々辞めていく職場の体質を変えることに取り組み、労働時間も正しく把握して、時間通り賃金を支払うこと、長時間労働を抑制することも約束。加入通告から1ヶ月以内に解決の目処がたった。泣き寝入りしなかった勇気が職場を変えた。

◆警備業界の安すぎる賃金を改善したい

大型小売り会社のグループ会社で、店舗の施設警備を担う警備会社に対し、2018年6月、群馬県の警備隊に所属するプレカリアートユニオンの組合員4人が、休憩・仮眠時間が実態は労働時間であることなどにより生じた未払い残業代約1491万円（付加金別）を請求して提訴した。高齢の男性を中心にした原告の組合員たちは、ショッピングセンターの警備に従事している。同社は、24時間勤務中、実際には労働から解放されない合計7～8時間の仮眠時間と休憩を設け、この仮眠・休憩時間について、賃金を支払っていなかった。

原告で入社10年、当時64歳の瀬崎さん（仮名）は、「今回提訴したのと同じ請求について、昨年5月に千葉地裁で原告勝利の判決が出て、会社も判決を受け入れた。判決は、休憩時間の実態は待機時間であること、仮眠時間も緊急事態には起きて対応することが求められていたので労働時間であること、警備員が装備を身に着けるための着替えの時間も労働時間であることを認めた。しかし会社は、昼間の休憩時間については支払いをせず、仮眠時間には1回2000円という慰労金を払って済ませようとした。このような払い方で済ませようとするのか、理由が分からない。警備業界の賃金は安すぎる。手取り15万円程度では結婚もできない。警備員の待遇も改善していきたい」と提訴に至る経緯を語った。

入社14年で当時69歳の倉持さん（仮名）も、「入社時に会社からは、警備業務は24時間拘束だと言われた。それは24時間勤務ということ。店内の巡回や出入管理を担当し、1人は防災センターで出入管理と器機の確認、もう1人が巡回をしている。店内に血を流している人がいるのに、私は休憩中だからといって対応しないことなどできない。休憩時間と呼ばれていても、実態は待機時間だ」と語った。


当初会社は未払い残業代の支払いを拒んだ。会社が未払いを認めてしまうと、過労死ラインを超える残業をさせているのを認めたことになるからではないか、とも考えられた。

同社には企業内組合があり、4人は、企業内組合を脱退し、プレカリアートユニオンに加入、交渉、提訴に踏み切った。

瀬崎さんは、企業内組合の役員から、「休憩時間については最高裁まで争います」と言われたという。倉持さんも「プレカリアートユニオンに移ったときに、企業内組合の役員がやってきて、裁判を起こしても損だ、付加金は付かないと言った。それは会社が言うことであって、労働組合が言うことではない。組合は組合員のために活動するところで、会社の代弁をするところではない」と憤っていた。

裁判は、2021年1月、原告4人が納得できる水準で和解により解決することができた。

◆別のユニオンでの合意を守らせる交渉

会社を解雇された測量士志望の30代の男性、反町さん（仮名）が神奈川県内の個人加盟ユニオンに加入したら、本人に日時さえ知らされないまま団交が行われ、本人に意向を確認することもなく、（私たちからみると非常に低い水準で）退職和解することで合意してしまう、ということがあった。

そのユニオンと会社とは、和解協定書で、月末付で退職すること、解雇予告手当程度の解決金を支払うことの他に、「会社は本人に対し測量士経験証明書を実態に即し発行するものとする」旨を合意していた。しかし、会社はこの和解協定書における合意事項を遵守せず、実態に即していない、資格取得の要件に満たない日数を記載した測量士経験証明書（測量に関する実務の経歴証明書）を提出した。

本人は、そのユニオンの交渉担当者に、合意事項が遵守《じゅんしゅ》されないと何度も相談したが、相手にされず、自分で会社に伝えろと言うばかりだったという。その後、悩みに悩んで、プレカリアートユニオンに加入した。

私たちは、会社に対し、他のユニオンが会社と合意した約束を守り、正確な日付での証明書を発行するよう要求し、団交を開催した。まさにその要求だけを議題とする団体交渉では、決裂した場合のあらゆる可能性について説明し、感情的になる社長に合理的な判断をするよう促した。

粘り強い説得の結果、社長は、正しい日数での証明書を発行することを約束し、協定書を取り交わした。

記載が不正確で、何度か修正が必要だったものの、必要な経歴証明書が発行されたことで、無事、組合員は測量士になることができた。

反町さんからは、前のユニオンが、合意事項を遵守しないまま投げ出して、終わりにした時は、もうダメだと思い絶望したが、そこから、実務の日数の証明をしてもらえるように交渉してくれたことを感謝するというメールが届いた。

反町さんからは、この会社での問題の解決までに就労した別の会社の賃金不払い問題についても交渉し、先んじて賃金の支払いを実現させた。本人は、組合に貢献したいとのことで、大争議になっている会社の店舗付近にチラシ3000枚をポスティングしてくれた（配るチラシが足りないという連絡もきた）。

プレカリアートユニオンには、ビラ撒き職人が何人もいて、解決のための大きな力を発揮してくれている。みんな、過去に交渉をして自分の労働問題を解決した人で、今、大変な状況にある仲間のために、と手をさしのべてくれる人たちだ。

ユニオンは、職場で直面した理不尽を解決しようとともに闘うプロセスのなかで、弱い立場の労働者が権利主張の具体的方法を身に付ける、学校のような場にもなるはず。私たちの仲間は、仲間どうしで交渉先へのアクション（直接行動）のスケジュールを組み、街宣車も活用しながら、週1、2回のペースで、独自のアクションを行って、それが交渉中の案件の解決を早めてもいる。

合が多い。

◆正社員なのに女性事務員はほぼ最賃

プレカリアートユニオンの組合員には、ミュージシャンやアーティストとして活動する人の割合が多い。

シンガーソングライターのババカヲルコさんも、正社員として働く給湯器の修理会社で大幅賃上げを実現し、性別役割分業を固定化する説明書のイラスト改定を約束させた。

「給料が安すぎるので、賃上げの交渉をしたい」。

2021年11月、こう言って、プレカリアートユニオンに相談に訪れたババカヲルコさん。音楽活動と両立させるべく、自宅から近い給湯器の修理会社の求人に応募した。正社員の求人だった。採用面接で、男性の社長から、夫がいるのであれば家計補助的に働くのかと念押しされた。嫌な予感が当たった。

ババカヲルコさんの仕事は営業事務。営業を担当するのは男性、事務を担当するのは女性と仕事と性別がくっきり分かれており、営業職の賃金にはインセンティブがあったが、事務職の賃金は正社員でも最低賃金に貼り付けられており、独自に営業的な仕事をして成果を上げても、インセンティブがなかった。

当初は女性だけが無給で会社のトイレを掃除させられた。

営業職の男性は、ババカヲルコさんをはじめとする女性の事務員にあからさまに見下した態度をとり、挨拶をしても挨拶をせず、業務上の引き継ぎを十分行わないまま、言いっぱなしで命令口調の語尾で頼みごとをした。職場の賃金差別は、性差別と男女の役割分業意識を反映したものだった。

職場にプレカリアートユニオンの組合員はババカヲルコさん一人だけだったが、賃上げをしなければ抗議行動をするという態度で果敢に春闘の賃上げ交渉に取り組み、2年間で約1万7000円の賃上げを実現した。

実現したのは賃上げだけではない。全社員を対象にハラスメント研修が行われるようになり、周囲の社員の態度も徐々に変わり、入社当初より、働き安い職場に変わった。

さらに、給湯器メーカーである親会社の使用説明書に、男性が風呂でくつろぎ、女性が給湯器を操作する、など性別役割分業を固定化するような古くさいイラストが描かれていたのだが、ババカヲルコさんの働く会社に対し、「親会社に対し、イラストを修正するよう申し入れること」を春闘要求の一部として強く求めた。

紆余曲折を経て、会社は親会社にこの申入れを行い、次回の改定でイラストを修正するという回答を得た、とプレカリアートユニオンに伝えた。

◆職場の経験が働く女のブルースに結実

ババカヲルコさんは、プレカリアートユニオンが開催したライブイベントで「人間ですから」というオリジナル曲を披露した。女性差別的な職場の経験や思いを歌ったブルースだ。この曲も収録されているミニアルバム「Ｄｅｆｙ」と合わせて制作された小冊子に、私も以下のような文書を寄せた。

＊＊＊

ババカヲルコは闘っている。職場の女性差別と。ライブハウスでの性暴力と。女を下に見て、軽んじる思想と。

このアルバムは、労働と生活と表現の場での抗いのなかから生まれた。

２０２１年秋、少人数の前で歌われた「フェミサイドバラッド」を聴いて、私は、出会ったばかりのババカオルコに、この曲をどこかに公開してほしいと強く求めた。

「フェミサイドバラッド」は、２０２１年8月に起きた小田急線刺傷事件（容疑者の男が、「幸せそうな女性を見ると殺してやりたいと思うようになった」という旨の供述を繰り返したとされる）と、自分自身の経験なのか多くの女性の経験かは判然としないが、痣《あざ》ができるほど殴られたことが軽く扱われてしまう、ということをモチーフにしている。路上でも披露され、翌２０２２年1月には、YouTubeで公開され、多くの人を勇気づけてきた。

暴力やその被害が軽く扱われる描写は具体的で、ある属性の人を下に見て軽んじる思想が、人の尊厳と命さえ奪いかねないことが明確に表現されている。つら過ぎる歌に勇気づけられるのは、こんなではないどこかへ向かう連帯の夢が描かれているからだ。重傷を負った女性の血を止めようと集められた布。その布をつなげて帆にしよう。ドリー・パートン（Dolly Parton）の「9 To 5」で、女性を踏み台にして出世の階段を上る上司にも奪えない夢、として多くの仲間と一つの船で海にこぎ出せる、と歌っているのと同じ夢だ。

「人間ですから」は、働く女のブルース。「あなたには、くだらない音楽」は、表現の現場での性暴力を歌っている。共通しているのは、もうやられっぱなしではいない、という挑む姿勢だ。「分かる人には分かる毒」が散りばめられた歌ではなく、言行一致のプロテストソングばかりが集められたアルバム。こういう歌を堂々と歌って、突き抜けていってほしいというのは私の勝手な願いである。

清水直子（プレカリアートユニオン執行委員長）

＊　＊　＊

◆出身大学のアカハラ問題をきっかけに

プレカリアートユニオンの支部として、日本で初めての現代美術家による労働組合、アーティスツ・ユニオン（プレカリアートユニオンアーティスト支部）が2023年1月に結成された。

彫刻家・評論家で、非常勤講師として働く多摩美術大学支部支部長の小田原のどかさんが、アーティスツ・ユニオンの結成を支援した。

小田原さんは、「表現の現場調査団」などで、美術業界を始めとする表現の現場でのハラスメント問題や「芸術系大学の学生の割合は女性が多く、教員には男性が多い」といったジェンダー格差を顕在化させる活動にも取り組んでいる。

小田原さんが、多摩美術大学彫刻学科で学んでいたとき、評価をする男性の教員たちは、彫刻の歴史や理論についてよりも作業量に価値を置く傾向があった。素材を加工するだけが彫刻の表現ではなく、一瞬で作ってもいいし、他者に作業をゆだねることがあってもよいはずだと考えていたので、彫刻学科の当たり前が不思議に思えたという。さらに、教員が講評で学生を「俺をなめているのか」などと恫喝《どうかつ》することが当然のように行われ、こんなところにはいられない、と東京藝術大学に移った。

小田原さんが芸術評論などにも取り組むようになっていた2018年、出身大学である多摩美術大学の学生から、彫刻学科で教員から学生に対するアカデミック・ハラスメントが横行し、さらにはアーティストとして国際的に活躍していた女性の教員に対するパワーハラスメント問題まで起きていることを知った。

自らが多摩美術大学の彫刻学科を去ったあと、状況はどんどん悪くなってしまった。アカハラ問題を告発した学生たちから、先輩たちが何もしなかったからこんなことになったと指摘され、反省した。

単純化して説明すると、石や木などの素材を加工することこそが彫刻であると考える教員が、現代美術的な映像や空間でのパフォーマンスを作品として理解できず、このような表現をする学生を否定し、アカハラの温床となった。そこへ、ニューヨークでアーティストとして活躍していた女性の教員が多摩美術大学彫刻学科へ招かれた。学生へのアカハラを問題視する女性の教員から、指導を巡って議論を持ちかけられても、応じられず、排除の空気が生まれた。

◆美術業界にも助け合いを根付かせたい

雇止めを通告されたこの女性の教員が、プレカリアートユニオンに加入、雇用を守るために団体交渉を申し入れた。大学院生も加入し、団交に参加した。大学は、雇止めを撤回し、女性の教員は無期雇用の教授となった。その後、彫刻学科からの不当な配置転換を示唆されたが、これも撤回された。この団体交渉に参加するために、小田原さんもプレカリアートユニオンに加入。労働組合の団体交渉によって問題が解決する過程を経験し、労働組合の意義を実感した。

多摩美術大学で支部を結成し、ほかにも非常勤教員の雇止めの撤回、嘱託職員の無期転換、非常勤教員も日本学術振興会の科研費（科学研究費助成事業）の申請ができるような制度の新設も実現した。

小田原さんは、「労働組合の団体交渉のなかでいろいろなことが解決しました。労働組合は、自分が主体になるもので誰かに任せるのではなく、困っていることを相互に助け合うもの。美術業界には、助け合いの習慣が根付いていませんが、根付いていないことを嘆くのではなく、私がそうだったように、みんなが助け合って解決できることを経験していけば、そういう精神が広がっていくはずです」と語る。

この経験が、日本の美術業界に報酬という考え方を定着させ、アーティストも労災保険に加入できることなどを目指している日本の現代美術家による労働組合である、アーティスツ・ユニオン結成につながっている。

◆介護施設の虐待撲滅

小田原さんをはじめ、自らが働く業界を変えることを志し活動する組合員も多い。

介護士として働く50代の仲英雄さんが、2016年7月、たった一人で静岡県からプレカリアートユニオンに相談に来たときの第一声は、「虐待をなくしたい」だった。

静岡県沼津市のデイサービスが併設された住宅型有料老人ヒームで介護士として働き始めた仲さん。介護士になったのは47歳で、それまでは、会社経営や地上げ、探偵の仕事など、全く畑違いの業界で働いてきた。しかし、脳梗塞で倒れ、一命を取り留め、入院生活のなかで、おむつを取り替えてもらうことも含めて介護をされる経験をする。介護の仕事の重要さに目覚め、介護士になった。

中年になって介護士になった仲さんは、業界の事情が分からないまま就職した地元の住宅型有料老人ホームで、介護される利用者の悲惨な実態を目にする。経営者は、地元の名士一族。ギリギリの人員で、最大限の受け入れをし、さらには、東京都内の公園などで野宿をしている人に生活保護を受けさせせて施設に連れてきて入所させ、保護費のほとんどを介護費用として取り上げてしまう、という貧困ビジネスに近い運営がされていた。経営者は、生活保護を利用している入居者の部屋のエアコンを切ってしまう。利用者は、着替えの衣類も入手できないまま放置され、見かねた職員が自宅から衣類を持ってきていた。適切な治療を受けられず足が水虫だらけになっている利用者もいた。デイサービスのレクリエーションの予算は、月3000円だった。一方で、経営者は、実際には現場で働いていない経営者の家族を働いていたかのように伝票を作成し、介護保険料を詐取していた。残業代の不払いもあった。介護職員は、人手不足による余裕のなさから、利用者に身体拘束、暴言などの虐待を行っていた。心優しい介護職員は、耐えきれずに職場を去った。

仲さんが、プレカリアートユニオンに相談、加入した際に、できるだけ職場の仲間を増やし、数の力で職場を変え、虐待が起きない職場を労働組合の力で作ろう、と話し合った。仲さんは、自らが責任者を務める30人ほどの事業所の全員と一対一で話をし、ほぼ全員がプレカリアートユニオンに加入することになった。最大の要求は、虐待撲滅とそれを実現するための人員増などだった。団体交渉を重ねるなかで、経営者は、人員増に応じ不正な伝票処理を改めたが、甘い汁を吸うことができなくなったからか、未払い賃金問題などの解決金を支払った後、介護施設を神奈川県の大手冠婚葬祭会社のグループ会社である株式会社クローバーに売却した。

◆介護職場を変える取り組み

仲さんたちを軸にプレカリアートユニオンの静岡支部が結成され、クローバー分会は、静岡支部の分会となった。その後も利用者への虐待を撲滅するべく、年次有給休暇を取得しても職場がまわるような人員配置を実現し、介護スキル向上のための研修の受講も認めさせ、仲さんが確認できる虐待は一掃された。

その後、分会の組合員の23人が原告となる集団訴訟に取り組み未払い残業代も支払わせることができた。裁判では主張が認められなかったものの、団体交渉によってパート職員への賞与（寸志程度ではあるが）の支払いにも、会社が応じるようになった。

プレカリアートユニオンのYouTubeチャンネルで、仲さんたちの取り組みをまとめた動画を公開した。これを見ていた埼玉県越谷市の社会福祉法人が運営する特別養護老人ホームで働く介護士の江口幸子さんたちも約10人の支部を結成し、団体交渉によって、大幅な待遇改善を実現することができた。

江口さんが働く特養では、約70人の労働者が働いているが、経営者一族の施設長による独裁的な運営がまかり通っていて、年間でのべ100人近くの職員が入れ替わっていた。施設長の一声で時給を400円も下げられた職員もいた。利用者への虐待もあった。江口さんたちは、団体交渉で不利益変更を撤回させ、未払い賃金を支払わせ、労働から解放される本来の休憩が取得できるようにし、終業後にシャワーを使用できるようにさせた。さらに、団体交渉のその場で、虐待の証拠となる音声を突きつけ、対策をとらせた。江口さんも仲さん同様に、家族を入れたい施設に、自分も入りたい施設にすることを目指して、介護業界に闘う労働組合を定着させるべく、取り組んでいる。

◆長時間過重労働で労災認定

運送業界を変えようと熱い闘いを繰り広げる組合員もいる。

月400時間労働に従事して30代で心筋梗塞を発症、ドライバーの労働条件改善のため立ち上がった梅木隆弘さんだ。現在50代、運送会社でトラックドライバーとして働く梅木隆弘さんは、36歳のときに長時間過重労働による心筋梗塞で緊急入院した。手術で一命を取り止め、2週間ほど入院し、退院する前日、ベッドに医療費の請求書が届いた。「62万円」と書かれていた。梅木さんの労働時間は、月400時間を超えており、労災申請すれば入院費や休業中の賃金補償も後遺症に対する補償もされるはずだが、見舞いに来た会社の役員は、何の説明もしなかった。梅木さんは、労災は、工場などで仕事中に怪我をしたときにしか適用されないものと思っていた。

労働時間は1日18時間に及び、家に帰れず、着替えを積み込んで車中泊を繰り返していた。4トン車で冷凍食品を運んでいて、冷凍庫の電源と車のエンジンが直結していたため、配送中に停車してもエンジンを切ることができない。エンジンをかけたままで長時間トラックから離れることもできなかった。

「車中泊をしていたのは、睡眠時間を確保するためでした。仕事が終わるたびに家に帰っていると寝る時間がなくなってしまうんです。先輩ドライバーは、(一酸化炭素中毒になるから)トンネルの中ではエンジンをかけっぱなしで寝るなとか、足がむくみだしたら病気の合図だから気をつけろ、と注意してくれました」。

「君が入る前に、人が死んだんだよ」と声をかけてくれた先輩ドライバーがいた。

梅木さんが入社する前年、朝、会社の事務所で冷たくなっているドライバーが発見された。死因は心筋梗塞で、長時間労働による過労死として労災認定されたという。

梅木さんも知人から、心筋梗塞も労災が適用されると聞いて、労災申請をしようとしたら、当時の社長から「労災は困る」と言われた。週刊誌で労災に詳しいと紹介されていた弁護士に相談、労災申請して、後に業務上と認定された。その弁護士に依頼して、会社を相手に損害賠償の裁判も起こした。

労災で心筋梗塞を発症して以降、梅木さんは、日々の仕事内容、労働時間などを記録するようになった。今回は運良く生き延びたが、不慮の事故で死んだ場合、自分の仕事の実態を誰かに証明してもらいたいという思いからだった。２０１２年６月、梅木さんは労災の心筋梗塞の損害賠償請求訴訟で、会社と和解した。その直後、社長から、賃金を切り下げると通告された。「報復だ」と思った。

◆知識がなく切り捨てられる仲間を助けたい

進退窮まった梅木さんは、２０１２年１１月にプレカリアートユニオンに加入。プレカリアートユニオンの結成が同年４月だから、梅木さんは初期メンバーの一人である。結成間もなかったプレカリアートユニオンでは、現在同様、組合が何かをしてくれると期待する、お客さんや消費者のような態度でいる組合員には、「主人公はあなた。この組合に関わって何ができるかという発想で関わる人がどれだけ多いかによって、できることが増える」と、説明した。

梅木さんたちの会社では、固定残業代を悪用した仕組みによって、残業代を支払っていなかった。基本給を最低賃金に設定し、労働時間に対応しない仕事の内容や乗っている車の大きさによって払われる手当から無事故手当のような手当まで、すべてを残業代として支払っている、と主張していた。基本給を元に残業代を計算して、手当の合計を上回ったら、差額分は残業代を支給するというのだが、そもそも基本給が最低賃金なので、差額がでることはほとんどない。もちろん、それらの手当は、残業代とは性質が異なっているし、何時間分の残業に対していくらの残業代を支払うという説明もない。長時間労働とサービス残業はコインの裏表だった。会社は、ドライバーをタダで働かせられるから、高速道路の料金を出し惜しみする。その結果、労働時間が長くなる、という悪循環だった。

また、運んでいる商品に傷がつくと、弁償金を給料から天引きされるという問題もあった。商品事故の天引きは、運送業界にまん延していた。本来、事業をする上でのリスクは、会社が負担すべきもので、運んでいる商品に傷がついたからといって、全額を労働者に負担させるべきではない。賃金控除協定もなく、給料から天引きするのは違法だ。

プレカリアートユニオンでは、梅木さんたちが中心となり、長時間労働、残業代の不払いや商品事故の弁償金が、トラックドライバーの生活を圧迫していると、物流の根幹を支えるドライバーの過酷な労働条件を社会に訴えることにした。グループ会社でドライバーとして働く仲間1人とともに2人で支部を作り、残業代を請求して提訴した。団体交渉も会社に対する抗議行動も続け、裁判は納得できる水準で和解し、時間に対応した残業代も支払われるようになった。

2024年には久しぶりに春闘に取り組み、大幅な賃上げの要求をしている。

心筋梗塞を発症した後、病院の待合室で高齢の元ドライバーに会った。仕事で腰を痛めたのに、労災申請をせず、何の保証もなく不自由な生活を強いられていた。

「経営者は、安全なところで利益を手にして、最前線で稼いでいるはずの僕らドライバーは、知識がないせいで切り捨てられる。働く人を守るルールがあること、声を上げれば会社は変わるということを分かってほしい」。

3、ジェンダーも働き方も多様な仲間が助け合う

昨年（2023年）7月の午前中、3日間連絡が途絶えた組合員の自宅に安否確認に行った。警察を呼んで、立ち会ってもらいながら、鍵業者に鍵を壊して解錠してもらっている最中に、中から本人が出てきた。

◆組合員の生存確認へ同行した仲間たち

組合に相談に来たときから鬱がひどく、食料を届けたりしていたが、会社に雇止め問題の解決と未払い賃金を請求する交渉をして、解決間近の前週土曜日に、「気力も元気もなく連絡も遅くなってごめんなさい」とLINEでメッセージがあった後、交渉の大事なやりとりに返事もなくLINEが既読にもならず、電話も出なくなった。最悪の事態を想定して、鍵を壊していたら本人が生きて出てきてくれた（鍵代は、当然弁償する）。昼夜逆転してアイマスクと高性能の耳栓をして寝ていて、携帯電話も3日間触らなかったという。生きていてくれてよかった。ちょうど昼だったので、同行していた組合員も含めて5人で、近くのファミレスへ行き、奮発してみんなでウナギ丼を食べた。

テーブルを囲んだ5人のうち、私と、街宣車を運転して現地へ行った専従役職員以外の2人の

組合員が、この場を象徴しているように見えた。

30代の近藤さん（仮名）は、最近解雇を通告されたばかりで、過去5年ほどの間にIT企業数社でパワハラに遭うなどし、離職を繰り返し、そのたびにプレカリアートユニオンを通して相手の会社に団体交渉してきた。そんな近藤さんは、引きこもりがちな組合員に、つらいことへの対処の仕方を話してくれた。つらいとどうしても引きこもりがちになるが、つらいことは脳の一部分だから、散歩をしたり、図書館に行ったり、組合に来たりして、つらいこと以外の経験がいくつもあると、つらいのはなくならないけれど、脳の中でつらさが占める割合が何分の一かになる、とのこと。近藤さんの解雇問題は、その後の団体交渉で解決することができた。

50代の浅井さん（仮名）が働いていた運送会社の社長は、会社をつぶして逃げた。会社は、浅井さんたちを正式に解雇もしなかったので、すぐには離職票も発行されず、そのため雇用保険の給付（いわゆる失業保険）を受けられたのは、社長がいなくなって半年近く経ってからだった。浅井さんは、何度も労働基準監督署に足を運び、ようやく国の未払い賃金の立て替え払い制度を活用できることになった。ちょうど同じ頃、会社が破産を申し立てたという連絡が破産管財人の弁護士から届いた。自分のことだけでも大変な浅井さんは、仲間の問題を解決するために、不届きな会社への合法的な実力行使である、抗議行動に積極的に参加してくれている。この場では、多くを語らずに聞き役に回っている。

私は、美味しいものを美味しいと言いながら一緒に食べる仲間がいることの得がたさを味わっていた。

プレカリアートユニオンでは、自分が働く場で、理不尽な目に遭っても泣き寝入りせずに解決しようとする人、働く条件をよりよくしようとする人が助け合いながら、連日活動している。

プレカリアートユニオンは、男性だけの組織でもなく、女性だけの組織でもない。7年ほど前から、LGBTQ労働相談に取り組み始め、LGBT・ジェンダー平等チームも設置され、性的マイノリティの当事者を含む組合員が、積極的に活動している。ジェンダー平等を組合の主要な課題として取り組んでいる。そして、多くの女性組合員が、職場の理不尽に泣き寝入りせず、男性を含む仲間と力を合わせて問題を解決し、よりよい環境を実現している。

◆SOGIハラで労災認定

プレカリアートユニオンの組合員で、神奈川県内のインフラ関連企業で働くトランスジェンダー女性が、SOGIハラ（性的指向・性自認に関わるハラスメント）を原因とする精神疾患について、2022年6月30日、労災認定を勝ち取った。

労災認定されたトランス女性は、SOGIハラによりうつ病を発症し、2年間半超の休職を余儀なくされたが、プレカリアートユニオンに加入、交渉し、就労環境を整備させた上で、復職を実現、労災申請を行っていた（代理人は、旬報法律事務所の佐々木亮弁護士、小野山静弁護士）。

当該組合員は、生まれたときに割り当てられた性は男性だったが、性自認は女性であるトランス女性。女性として社会生活をおくることを決意し、新卒で入社した会社で、2010年頃から髪を伸ばし始めた。すると、当時の上司から、業務中に笑いながら「髪長いね」「髪切らないの？」などと揶揄され、理不尽な配置転換が行われた。トランスジェンダーであることを嫌悪し、異質な者として排除する会社の対応により、当該組合員は、2016年に適応障害の診断を受けるに至る。

その後2018年当時勤務していた事業所で、直属の上司から、執拗なハラスメントが行われるようになった。自身の性自認について説明して理解を求め、「彼」と呼ぶのはやめてほしいと明確に伝えたにもかかわらず、この上司は「彼」と執拗に呼び続けた。さらにこの上司は、「君のことを女として見ることなんかできない。法律上もそうだ。女として扱って欲しいなら、さっさと手術でもなんでも受ければいいだろう」、「君にやってもらうことはないよ」など、性自認を否定するだけでなく、業務から外すことまでも通告してきた。

◆性自認を否定・侮辱され就労困難に

問題の上司と別の上司も立ち会って、話し合いが行われたが、その場でも執拗に「彼」と呼び続け、戸籍上の性別変更に立ち入り、「女性としての心遣いをしたらどうか」と責め立てるなど、当該組合員の性自認を侮辱し人格を否定する言動を繰り返し行った。出席予定の打ち合わせから排除されることもあった。この上司は、他の女性従業員のことは「さん」付けで呼んでいるにもかかわらず、当該組合員のことだけを「君」付けで呼び、性自認を否定する発言を繰り返した。

この上司から性自認を侮辱する発言等を執拗に受けるようになり、当該組合員は、不眠、不安感、緊張感、焦燥感を覚え、出社することができなくなり、2018年12月以降、休職を余儀なくされた。

◆団体交渉により復職を実現

復職にあたっては、転居を伴う遠方への移動を示唆されていたところ、休職期間の満了が迫る2021年5月、プレカリアートユニオンに加入。繰り返し交渉を行い、一定のSOGIハラ対策を含む就労環境の整備を行い、加害者との適正な距離の確保なども約束させ、金銭的な補償も得た上で、同年9月、転居の必要がない従来の事業所へ復職を果たした。

復職に向けた協議と並行してSOGIハラによる精神疾患について労災申請を進めていたところ、業務上と認定され、11月10日、厚生労働省の記者クラブで記者会見も行った。

業務上と判断した具体的な出来事として、「上司等から、身体的攻撃、精神的攻撃等のパワーハラスメントを受けた」が認められ、その心理的負荷の強度は「強」とされた。

会見で小野山静弁護士は、「長時間労働を伴わない、ハラスメントのみを具体的な出来事とする労災認定は極めて稀」だとして、長時間労働がないなかでの労災認定の意義を強調した。

◆トランスマーチの会場でも話題に

当該組合員は、会見で、労働組合の交渉により無事復職できたことを報告し、本件労災認定に関する報道を受けて、バッシングをする意見も寄せられるなか、加害者が「女性として扱ってほしければ細やかな心遣いが必要だ」と発言したことについて、SNS上で、この上司はトランス女性以外の女性に対してもハラスメントをするのだろうと、被害者に共感する意見があがったことに、変化を感じる旨の感想を述べた。また、労災認定の決め手は、録音の証拠があったからだとして、職場でSOGIハラを含むハラスメントを受けた際に、録音を残す重要性を訴えた。

このSOGIハラ労災認定については、日本では先進的な事例であり、多数のメディアで報じられた。会見の翌々日の2022年11月12日には、新宿区内で第2回目となる東京トランスマーチが開催され、トランスジェンダーの人権・プライドを訴えるパレードが行われ、約1000人が参加した。SOGIハラ労災認定のニュースは、トランスマーチ会場でも話題になり、参加者を勇気づけた。

プレカリアートユニオンは、職場で差別や暴力を含む不当な扱いをされやすいトランスジェンダーの権利の実現に、取り組んでいる。

◆次世代育成と組織化のトレーニングが必要

私は、プレカリアートユニオンを始めとする個人加盟ユニオンで活動するなかで、日本の労働運動に足りないのは、組織化、戦略（的思考）、オルガナイザーと次世代の育成。そして、これらを体系的に学ぶ場だと感じてきた。

個人加盟の労働組合は、組合員３００人くらいで頭打ちになり、創立メンバーや専従の高齢化に伴って、縮小するのはなぜか。労働組合、特に闘っているといわれる合同労組やユニオンは、次世代の担い手を仲間のなかから育てられず、限界集落ならぬ「限界組合」化しているのではないか。経営戦略の本はたくさんあるのに、労働運動は武勇伝か法律マニュアルばかりで、戦略や戦術を体系的に学んでトレーニングできるようになっていない。

そんな、労働組合、労働運動の課題を解決するために、組合活動にコミュニティ・オーガナイジングを活かす取り組みをしてきた。アメリカのナショナルセンター、ＡＦＬ・

SAG・AFTRA（映画俳優組合・米テレビ・ラジオ芸術家連盟）のロビー。労働組合結成を描いた映画「ノーマ・レイ」のパネルが設置されていた。（2019年2月）

CIOが組合の活性化にコミュニティ・オーガナイジングを活用していると知ったことがきっかけだ。コミュニティ・オーガナイジングは、コミュニティの当事者自身が、仲間の力を引き出し、自分たちの力で社会を変える手法で、トレーニングが可能なようにその手法が体系化されている。

2017年11月に、アメリカの労働団体、レイバーノーツの活動家を招いて、日本で、職場の組織化を進めるためのワークショップ「トラブルメーカーズ・スクール・ジャパン」が行われ、プレカリアートユニオンも、6人のチームで参加した。テキストは、レイバーノーツの『SECRETS OF A SUCCESSFUL ORGANIZER』(『成功するオルグの秘訣』)の抜粋。翻訳が日本労働弁護団から『職場を変える秘密のレシピ47』として出版されている。人間相手なので、常にレシピ通りでうまくいくとは限らないとしても、レシピを学ぶことは大切。

次世代の育成には、「俺の背中を見て育て」ではなく、何をどうすると、どんなことができるかを見通すことができ、組織化の手法も戦術も体系的に学べるようにすることが必要である。精神論とパワハラは関係が深く、組織内のタテの関係とセクハラも関係が深い。手法が体系化されて学べるようになることは、労働組合組織内の根深い問題の解決にも役立つはずだ。

組織拡大は必ずしも組織化ではなく、仲間の力を引き出し、高めながら、要求を実現、課題を解決する、そんな仲間を作っていくこと。これが実践できれば、労働組合はブレイクスルーし、職場も社会も変わるはず。同書の注文は、日本労働弁護団(http://roudou-bengodan.org/books/)のウェブサイトからできる。

◆組合費を払っているだけでは強くなれない

ここまで紹介してきたように、労働組合は、問題の解決を請け負ったり代行したりするところではなく、組合員自身が、主体的に自分の労働条件の維持向上のために主人公となって活動に取り組むのを、組合の仲間どうしが助け合い、支え合いながらともに目的を達成していくところだ。組合の役員も専従（組合から行動費を支払っている専従役職員）である私自身も、ほかの2人の専従役職員も、役割の違いはあっても、労働者どうし、組合員どうし、目的のためにともに助け合って活動する仲間だ。

労働組合は、「組合費を払っているのだから何をしてくれるのですか」というお客さんのような姿勢で臨むところではない。お客さんのメンタリティは、最小限の費用と労力で最大の効果を得ようとするものだが、労働組合は、助け合いの組織なので、お客さんとして関わる組合員の割合が大きくなると組合が弱くなってしまう。

お客さんのメンタリティでは、自分自身が（会社との関係において職場の問題を解決していけるという意味での）強くなることもできない。

プレカリアートユニオンが相当の交渉力を持っているのは、各職場で、組合の事務所の内外で主体的に活動している組合員がいるからだ。

組合費を払っているだけでは、自らも組合も強くすることはできない。例えていえば、毎月ジムやスポーツクラブの会費を払っていても、自分でスポーツクラブに行って体を動かさなければ、体を鍛えることはできず、力を強くすることもできない。ジムやスポーツクラブの会費を払っているから、誰かが自分の手足を動かして筋肉を鍛えてくれるわけではない。

労働組合も同じ。強くなるには、仲間と助け合い、自分が自分の人生の主人公となり、自分の体を動かして主体的に活動をする必要がある。

◆労働組合のあらゆる活動は助け合い

街宣に参加したり、チラシをポスティングしてくれたり、組合事務所でチラシを折ったり、書類をシュレッダーにかけるといった作業を手伝ってくださっている組合員が何人もいる。支部の組合員の日常の仕事や生活について相談を受け、本部と共有して対応してくれる支部役員がいる。労働組合は、組合員自身の主体的な活動によって成り立っている。

もちろん組合活動はノルマではない。誰かがこのくらい活動をしているから、自分も同じようにしなければならないという義務はない。

役員、専従を含む組合員が、働く者の力を高めるための夢や構想を話し合いながら、それぞれ一定の費用と労力を出し合って、法的に様々な権利が保障されて力を持つ労働組合を維持しているのだ。

組合員と組合役員、専従者はともに助け合う仲間であり、役員や専従者が組合員にサービスを提供する関係ではない。

不安定な雇用や生活をしてきた、職場で嫌がらせをされた、などさまざまな事情で、精神的に不安定であったり、困難を抱えていたり、利己的であったり、同僚や経営者への恨みが強かったり、多罰的な考え方に傾きがちな方もなかにはいる。

交渉や活動の手法については、組合としてできること、できないことをしっかりお伝えして話し合っている。当事者が、やりたいことをやりたいように会社に求められるとは限らず、自分を取り巻く状況を客観的に、合理的に把握することも必要になる。

ここで紹介しきれない多くの仲間が、助け合って職場の理不尽さを跳ね返している。

新型コロナウイルス感染拡大以降、人と会う機会が減り、気持ちが落ち込みやすい仲間もいるかもしれない。だからこそ、組合のつながりを確かめ合い、助け合って、これから起きる事態を乗り越えていこう。

第3章

人間労働の本質と今日的労働の人間性チェック

浜　矩子

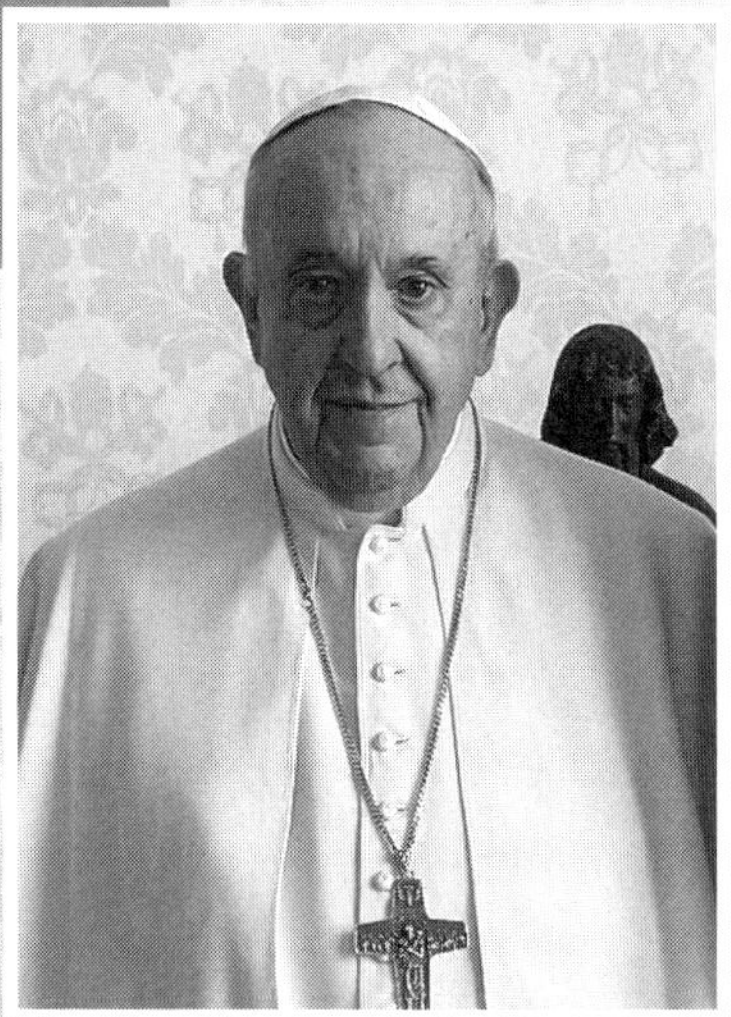

フランシスコ教皇

1、人間的労働の条件

◆ペリフ化する労働

本章では、縁辺労働という言葉に改めて目を向けるところから始めたい。なぜなら、有難いことに本書の企画への参加を呼び掛けて頂き、担当部分の内容についてあれこれ思いを馳せる中で、突如として筆者の頭の中に浮かび出てきたのが、この縁辺労働という言葉だったからである。どこからともなくの出現。そういう感じだった。だから、これは筆者の造語かと思った。だが、そうではなかった。念のためと思って調べて良かった。念のためどころではなかった。「縁辺労働」でちゃんと辞書に載っていた。その定義は「労働市場への参入と引退を短期間で繰り返す不安定な労働力。パートタイマー・派遣労働者・臨時工、また、結婚・出産により退職を余儀なくされている女性従業員などをいう。」となっている。縁辺労働の反義語が、中核労働あるいは基幹労働という言葉だ。

既に存在する用語だという認識を持たない状態で、筆者はなぜこの言葉を思いついたのだろう。それは、「縁辺」という言い方が持つ響きに由来するのだと思う。「縁辺」そのものを辞書で引けば、「まわり。周辺。」とある。「縁」は「ヘリ」であり、「フチ」だ。「ヘリ」や「フチ」の辺り。それが縁辺だ。要は、中心ではないということだ。「縁辺国」と言えば、いかにも、世界の真ん中からかけ離れた遠国のイメージがある。現に、既述の通り、縁辺労働と対をなすのが、中核労働や基幹労働という概念なのである。労働市場の中心部分ではなくて、はじっこの方に追いやられている。なんとか、ヘリやフチの部分にギリギリへばりついている。崖っぷちに両手の指の先っちょで何とかぶら下がっている。今の世の中、多くの働く人々がそういう憂き目をみている。この感覚が、何時の頃からか、筆者の脳裏のどこかにとぐろを巻いていた。このとぐろの中から、縁辺労働という言葉がむくむくと浮かび上がって来たのだと思う。

縁辺労働を英語で言えば、"peripheral labour"（ペリフェラル・レィバー）だ。peripheral を英和辞典で引けば、「核心から離れた、皮相的な、あまり重要でない、抹消の」などとある。日本語の縁辺よりも、さらにはるか彼方に追いやられている感がある。この感じから派生して湧いてくるのが「辺境」のイメージだ。辺境は、すなわち「中央から遠く離れた国ざかい」だ。労働市場という名の国のぎりぎり国ざかい。それ以上、中央から遠く離れると、もはや労働市場国の一員ではなくなる。その限界領域に存在するのが、「ペリフェラル」状態に追い込まれている労働者たちだ。彼らは「ペリフ化」を強いられている。だから「ヘリ」に居る。これは悪いダジャレだ。だが、妙に納得感がある。

◆反ペリフ化の旗手、フランシスコ教皇

縁辺労働を調べている中で、貴重な発見に出会った。それは、現ローマ教皇、フランシスコが

縁辺という概念に強い関心を寄せ続けて今日にいたっているということだ。ローマ教皇は、カトリック教会の頂点に立つ。我々と神様の間を橋渡ししてくれる聖職者たちのリーダーだ。その人が縁辺を強く意識しているというのである。これは大変なことだ。

もっとも、カトリック信者である筆者が、今さら「これは大変」などと驚いているのは、実は情けない。勉強不足だ。日頃から、教皇様の考えをもっと広く深く知ろうとしていなければいけなかった。大いに反省。そこで、調査に乗り出した。すると、色々なことが見えて来た。

フランシスコ教皇が選任されたのは、2013年3月13日のことである。その直前の段階で、彼は縁辺問題に言及している。その段階では、まだ彼は教皇候補のベルゴリオ枢機卿だった。ベルゴリオ枢機卿は、教会には自らの内に引き籠ることなく、世界の縁辺部に出向いて行く義務があると主張した。そして、自分がいう縁辺部は、決して地理的辺境だけを指すものではないとした。実存上の縁辺部に教会は手を差し伸べなければならないのだと言っている。つまり、枢機卿時代から、教皇様はペリフェリーに追いやられること、すなわちペリフ化することが、人間にとって実存上の脅威、要は生存の危機につながると考えていたわけである。筋金入りの「反ペリフ化」論者だったということだ。

フランシスコ教皇の中で、縁辺に追いやられることは、排除され除外され追放されることを意味する。縁辺化は存在の全否定につながる。教皇様はそう考えている。教皇就任年2013年の11月に、彼は「福音の喜び」（Evangelii Gaudium）と題する「使徒的勧告」を発している。「使徒的勧告」は教皇公文書の最高位に位置する「回勅」に準じる重要文書だ。その中で、教皇様は、今日、我々は人間が消費財のように扱われる社会をつくり上げてしまっていると指摘されている。人間に関する使い捨て文化が蔓延しているとおっしゃっている。これは、もはや単なる搾取や抑圧という次元の問題ではない、というのが彼の主張だ。排除され、縁辺に追いやられた人々は、社会の最下層とか最果ての存在でさえなくなっている。市民権を奪われているという言い方さえ、生ぬるい。排除されし人々は、搾取されているのではなく、追放されし者たちだ。彼らは残り滓の地位に甘んずることを強いられている。

ペリフ化されることは、人間でなくなることだ。人間性を全否定されることだ。搾取の対象としてさえ、その存在を認められていない。搾取するほどの価値もない。そのように打ち捨てられているのが、ペリフ化を強いられている人々だ。これがフランシスコ教皇の考え方なのである。人間であることを否定された人間たちに、教会が目を向けないわけにはいかない。手を差し伸べないわけにはいかない。縁辺を強く意識し、縁辺に眼差しを注がない教会は、人間社会の中心部に位置することが出来ない。そのような教会が、社会の基幹部を形成することは許されない。中心から飛び出して縁辺を抱擁しない限り、教会が神の使者たり得ることは不可能だ。これが、縁辺概念に関する現教皇のメッセージなのである。さらに言えば、彼は自ら縁辺に立ってみない限り、中心部の歪みや経済社会全体としての変調を把握することは出来ないと言っている。経済社会をまともな方向に導こうとする者たちは、必ず、縁辺の状況を把握し、そこで生きることを余儀なくされている人々の立場に身を置かなければならない。さもなくばそのミッションに奏功しないとしている。これほど力強い反ペリフ化宣言はないだろう。

◆反ペリフ化教皇の労働観

次に、反ペリフ化教皇の労働観に目を向けたい。本節のテーマが人間的労働の条件だ。それがどのようなものであるかについて、人間の縁辺化を全否定している教皇様がどのように捉えられているか。それを解明したい。そこにこそ、人間的労働の条件の勘所があるに違いない。そこを押さえてこそ、初めて、次節での「今日的労働の人間性チェック」が可能になる。人間的労働とはいかなるものでなくてはならないか。人間的労働には、どのような条件が整っていなければならないのか。それらの条件を、人間を縁辺化から救出しようとされている教皇様の言葉の中に見出すことが出来れば、それとの対比で、今日的労働の人間性の度合いを判定出来る。そう思うところだ。

労働に関するフランシスコ教皇の考え方は、前出の使途的勧告「福音の喜び」および二つの回勅、「ラウダート・シ」(Laudato Si: 主よ讃えられませ・2015年5月24日発布)と「兄弟の皆さん」(Fratelli Tutti・2020年10月3日発布)の中に語られている。

「福音の喜び」は強者生存の論理を強く否定する。この論理の下で多くの人々が排除され、働く場を奪われ、可能性を閉ざされることを断じて許さない。そう主張している。強烈な響きを持つ一節がある。その中で、教皇様は、我々は、モーゼの十戒の「汝、殺すべからず」の掟と同様の厳しさをもって、排除と不平等の経済に対して、「汝、これを成すべからず」と言わなければならないとおっしゃっている。なぜなら、そのような経済は人を殺すからだ。「福音の喜び」はそう言っている。モーゼは古代イスラエルの霊的指導者であり、預言者だった。神が彼に託されたのが十戒である。イスラエルの民が行動指針とすべき戒めがその中に集約されている。

十戒になぞらえた警告に次いで、さらに強烈な一連のコメントが続く。年老いたホームレスの人が雨風にさらされて命を落としたことは、特段のニュースにならない。それなのに、株価指数が2ポイント低下すればビッグニュースになる。これは一体どういうことか。これぞ、排除だ。人々が飢えている時に、大量のフードロスが発生するとは、何事か。これぞ格差だ。このように強き者が弱き者を餌食にする。それが現状だ。

これら一連のコメントは、直接的に労働の有り方に言及しているわけではない。だが、そこには、働く場から排除される人々が当面する悲惨な状況が、実に生々しく語られている。そこには、人間的労働の条件を満たす労働がどうあるべきかが、明確に示されていると考えられる。人間的労働の条件を満たす労働は、格差と不平等の温床になってはいけない。強者だけに機会を与える労働は、人間的労働の条件を満たしていない。教皇様のこの思いが、ホームレス老人の孤独死と株価の下落の取り扱われ方の対比、そして飢餓とフードロスの対比の中に鮮明に現れている。

◆神への讃歌としての労働

「ラウダート・シ」の中では、労働と観想、労働と人間の知的高まりとの関係に目が向けられている。この辺りには、中世の修道院で培われたキリスト教的労働観が反映されていると考えられる。修道院で共同生活を営む修道士たちは、祈りながら働く。働きながら祈る。そこには、彼らの神との出会いがある。彼らが行う手仕事は、常に神への讃歌だった。フランシスコ教皇もまた、働くことの中には神への讃歌がなくてはならないと考えておいでなのだろう。

「ラウダート・シ」が語る労働の中には、人間の道徳的成長をもたらすものが内在していなければならない。「ラウダート・シ」の主張にかなう労働は、人々の霊的資質の高まりにつながらなければいけない。そのためには、労働は人々の創造性を豊かにし、才能の発揮につながり、価値観の貫徹を可能にし、他者との関係の深まりをもたらさなければならない。これらのことが実現する中で、働く人々は神の栄光を謳い上げる。これが、「ラウダート・シ」が解き明かす人間的労働の条件だ。

何が人間的労働の条件を満たさないかについても、語られている。観想を伴わない労働。受容性無き労働。無償性無き労働。制御不能な強欲に基づく労働。孤立感に根ざす労働。ひたすら我欲を満たすために、他者の不利益を無視して行われる労働。労働への影響に配慮しない技術革新。いずれも、今日的労働の人間性チェックを試みるに当たって、大いに指針となる指摘だ。

◆万色の労働に団結を呼びかける反ペリフ化教皇

「兄弟の皆さん」は、労働に尊厳を見出している。働く機会を奪われた人は、その尊厳を踏みにじられる。なぜなら、人は働くことを通じてこそ、神が我が身の中に蒔いて下さった才能の種を育み実らすことが出来るからだ。その機会を封じられた人は、その人間的尊厳を否定される。そのようなことがあってはならない。だから、人間に雇用機会を与えないことは、許し難いことなのである。

人間の尊厳と不可分の労働機会を人間のために用意する。その義務が経営者たちに課せられている。この点も、「兄弟の皆さん」で示されている重要な考え方だ。経営能力もまた、神から与えられた御恵みだ。だから、この能力は人々がいかんなく才能を発揮し、そのことが貧困の撲滅につながるように使われなければならない。そのための決め手となるのが、多様な労働機会を提供することにある。「兄弟の皆さん」はこのように指摘している。コスト削減へのこだわりのために、経営者が労働者から働く機会を奪うことは、経営能力という神様からの賜物に対する冒涜だ。教皇様は、そのように認識されている。

真に良く成熟した社会においては、労働は日々の糧を稼ぐ手段に止まらない。自己研鑽と自己表現と健全な人間関係と分かち合いにつながらなければいけない。教皇様は、そうもおっしゃっている。このように書き連ねて行くと、ひょっとすると、日々の糧を稼ぐために働くことのどこが悪いの？　と抵抗を感じられる読者もお出でになるかもしれない。この点について、筆者は直近前著の『人が働くのはお金のためか』（青春新書・2023年2月刊）で取り上げた。そこでの発見と絡めて、フランシスコ教皇の労働観をどう受け止めるか。そのこととの関わりで今日的労働の人間性チェックのための枠組みをどう設定するか。これらの点について、次節の冒頭で整理したいと思う。

そこに向って進むに当って、「兄弟の皆さん」のもう一つの重要な呼びかけをここで紹介しておきたい。端的に言えば、その呼びかけは「万色の労働者、団結せよ！」だ。周知の通り、「万国の労働者、団結せよ！」は共産主義の最重要スローガンの一つだ。だが、今日の労働者たちは国籍が多様であるだけではない。今日の労働者たちは多彩だ。それこそ、基幹労働者がいれば、縁辺労働者たちがいる。フリーランサーもいれば、パートタイム労働者もいる。ギグワーカーもいれば、プレカリアートも存在する。縁辺労働にさえ携われない排除されし人々もいる。これら万色の人々を包摂出来る労働運動が、今日の世界には欠如している。この欠如を善処しなければならない。これがフランシス教皇の呼びかけだ。このように呼びかける人が、日々の糧を稼ぐために働くのはダメだとおっしゃるはずはない。この認識を共有させて頂いた上で、次節に進みたい。

2、 今日的労働の人間性チェック

◆反ペリフ化教皇とマルクス先生の合言葉「汝、縁辺化することなかれ」

まずは、前節の末尾で触れた点から始めたい。前出の拙著『人が働くのはお金のためか』の中で、筆者は働く人々を金銭動機から引きはがして、自己実現や承認欲求の充足や、社会貢献願望の実現などという非金銭的動機の方に誘導しようとするやり方は、やりがい詐欺だと主張した。なお、このやりがい詐欺という言葉は、完全なる筆者オリジナルではない。語源がある。それが「やりがい搾取」だ。教育社会学者の本田由紀氏が造られた用語だ。それを筆者がやりがい詐欺と言い換えた。言い換えたというよりは、搾取の部分を詐欺だと思い込んだのである。それだけ、この問題に詐欺という語感がぴったりしっくり来てしまった。そこで、田中先生に平身低頭しつつ、引き続きやりがい詐欺という言葉を使わせて頂いている。この詐欺手法を駆使して、21世紀の資本は21世紀の労働を翻弄し、搾取し、低賃金に甘んじることを強いる。こんなに生き甲斐を感じる仕事をしているのに、その上、高賃金を要求するのは意地汚い。そんな風に思い込むように暗示をかける。これは21世紀の資本の陰謀だ。そう糾弾した。

ところが、困ったことが起こった。筆者を困らせたのは、労働搾取の不当性を暴き切ったあのカール・マルクス先生だった。先生の労働観を、発見してしまったのである。それは、労働は人類にとって本質であり、「第一の生命欲求」すなわち人生において最も欲しいものであり、労働を通じて人間は自己を表現し、自己を実現し、自己を確証するのだ、という考え方だったのである。これでは、マルクス先生は、まるで21世紀の資本の回し者ではないか。そう考えて、愕然としてしまった。

だが、さらに調査を進めて、先生はそのような人ではなかったことが良く解かった。労働が人間にとって最も欲しいものであり、究極の自己実現手段となるためには、条件がある。それは、資本が労働をその成果物から決別させること、すなわち資本による労働疎外が起こらないことである。労働が人間にとって歓喜の対象となるためには、労働の成果はあくまでも労働に帰属しなければならない。その状態を実現出来るのが、完成形の共産主義社会だ。マルクス先生はこうおっしゃっていたのである。

この考え方と、フランシスコ教皇が展開されている労働の論理は、驚くほど脈絡が一致していると思う。前節でみた通り、教皇様は「兄弟の皆さん」の中で、コスト削減に固執して人々から労働機会を奪う経営者を戒められている。そこには、「汝、搾取することなかれ」の思いがこもっている。経営者は、労働者にその才能の開花につながる労働機会を提供しなければならない。教皇様がそのように説かれる時、そこには、労働者がその労働の成果から疎外されてはならないという強い諭しの響きが漲《みなぎ》っている。

と、ここまで書いたところで思い直した。教皇様の戒めは「汝、搾取することなかれ」に止まらない。なぜなら、これも前節で既述の通り、教皇様は、人間に関する使い捨て文化が蔓延しているとおっしゃっている。これは、もはや単なる搾取や抑圧という次元の問題ではない、というのが教皇様の主張だ。「排除され、縁辺に追いやられた人々は、社会の最下層とか最果ての存在でさえなくなっている。市民権を奪われているという言い方さえ、生ぬるい。排除されし人々は、搾取されているのではなく、追放されし者たちだ。彼らは残り滓の地位に甘んずることを強いられている。」とおっしゃっている。ペリフ化されることとは、搾取の対象としてさえ、その存在を認められていないことを意味するというのである。反ペリフ化教皇のメッセージは、マルクス先生のそれよりもさらに凄まじい。さらに徹底している。その戒めは「汝、縁辺化することなかれ」だ。この立論に、マルクス先生は決して異論を唱えないだろう。この二つの偉大な頭脳は、同じ論理展開の中で人間的労働の条件を浮き彫りにしようとしている。

資本論の著者とカトリック教会の最高責任者の考え方が、このように一致をみることに、実はさほど不思議はない。なぜなら、究極の共産主義社会においては、「各人からはその能力に応じて、各人にはその必要に応じて」の力学が実現する。そして、イエス・キリスト没後の初代カトリック教会においても、「信者たちは皆一つになって、すべての物を共有し、財産や持ち物を売り、おのおのの必要に応じて、皆がそれを分け合った」(「使徒行録」新共同訳2・44〜45)のであった。いずれの共同体も、搾取と疎外から解放されて伸び伸びと働き、自己実現する人々によって形成されている。

かくして、教皇様の労働観もマルクス先生の労働観も、排除と抑圧と追放からの人間性の解放を希求するものだ。このことを改めて確認することが出来た。そこで、安心して、今日的労働の人間性チェックに関する評価基準の策定に進みたいと思う。

◆人間的労働の十戒

今日的労働の人間性チェック基準を策定する試みに当たって、次の手順を踏んだ。まず、前節で検討した反ペリフ化教皇の教えの中から、基準策定に決定的に関わると考えられるキーフレーズを全て洗い出した。すると、17のフレーズが姿を現した。いずれも、人間的労働の条件の本質を鋭く照らし出していると思われた。だが、17項目は、いささか多い。重複している面もあった。さらには、願わくば、使途的勧告「福音の喜び」の中で言及されていた「モーゼの十戒」になぞらえて、「今日的労働の人間性チェック十基準」を設けたいと考えた。そして　、この「十基準」を大胆不敵にも、「人間的労働の十戒」と名づけたくなってしまった。バチが当たりそうな気がして怖い。だが、これくらいのこだわりと緊張感を自らに課して、今日的労働の人間性チェックに挑みたいという思いが募った。この思いに駆られて「人間的労働の十戒」を設定してみると、次のようになった。

- 人間的労働は人間を使い捨てない。
- 人間的労働は弱者を切り捨てない。

・人間的労働は格差と不平等の温床にならない。
・人間的労働は人間の才能を開花させる。
・人間的労働は人間の魂の成長をもたらす。
・人間的労働は人間に無償性を付与する。
・人間的労働は人間の尊厳を侵さない。
・人間的労働は人間を脅かす技術革新を許さない。
・人間的労働はコスト削減のための雇用喪失を許さない。
・人間的労働は人間関係の深まりをもたらす。

この十戒を掲げて、いよいよ、今日的労働の人間性チェックに乗り出すこととしたい。

◆使い捨てと切り捨てが横行する日本の今日的労働環境

ここで、まず決めておかなければいけないのが、焦点をどこに据えるかという点だ。反ペリフ化教皇の視野は、全世界に及んでいる。本書の目は、今日の日本における労働の状況とその解放問題に注がれている。だが、日本の労働を取り巻く環境の激変と、人間性の喪失問題にどう対抗するか。このテーマに挑むことが本書全体としての課題だ。そこで、本節でも日本に焦点を絞ることとしたい。

「人間的労働の十戒」その一が、「人間的労働は人間を使い捨てない。」だ。日本の今日的労働は、この教えに適っているか。そうは言えないだろう。むしろ、どうすれば、人間を使い捨てにすることが出来るかについて、盛んに知恵が絞られるような世の中になっている。いかにして、終身雇用のくびきから自らを解き放つか。今の日本的経営は、そのことを必死で追求しているようにみえる。日本の雇用の柔軟性と流動性を高めなければならない。そう盛んに叫ばれる。今は、柔軟で多様な働き方の時代だ。もっぱらそう主張される。企業の帳簿上において、人件費をいかにして巧みに固定費から変動費の項に移すか。このことについて企業は工夫を凝らし、そんな企業に上手い工夫を授けるコンサルが繁盛する時代になってしまった。

終身雇用が雇用の理想形だとは言わない。柔軟で多様な働き方も、それが日本の今日的労働の人間性を高める方向に作用するなら、問題は無い。だが、現状がそうなっているとは、到底、思えない。もしそうなのであれば、本書のような企画が浮上するわけがない。

十戒その二が「人間的労働は弱者を切り捨てない。」で、十戒その三が「人間的労働は格差と不平等の温床にならない。」だ。この両者は表裏一体の関係にある。人間を強者と弱者に仕分けする。これはつまり人間に関する格差づけだ。そして、強者を厚遇し、弱者を排除すれば、それは人間の不平等扱いだ。これらのことに関して、日本の今日的労働の状況はどうか。次第に、これらの戒めを侵す方向に突き進んでいる。そう言わざるを得ないのではないか。人間の使い捨てにせよ、弱者の切り捨てにせよ、格差と不平等の温床と化すことにせよ、躊躇なくその方向に向かってダッシュしている日本企業が、そう圧倒的に大多数を占めているとは思えない。思いたくない。だが、背に腹は代えられず、人間的労働の十戒その一・二・三から、どんどん遠ざかることを余儀なくされている経営者たちは、相当に多数存在すると考えられる。そうでなければ、日本の非正規雇用比率がここまで高まっているはずはない。

十戒その四が「人間的労働は人間の才能を開花させる。」であり、その五が「人間的労働は人間の魂の成長をもたらす。」だ。この二つの教えにも、強い共鳴関係があると思われる。「人間の才能を開花させる。」とは、マルクス先生的に言えば、自己対象化だ。この概念を、マルクス先生は大哲学者のゲオルグ・ヘーゲルから受け継いだ。自己対象化は、自分の中に潜在する能力を何らかの形で顕在化させることを意味する。つまり、自分の内なる力を使って成果物を生みだすことだ。まさしく、才能を開花させることにほかならない。そこに資本が割り込んで、才能の開花が生み出した成果物を労働からもぎ取りさえしなければ、自己対象化が実現した段階で、労働は人間にとっての「第一の生命欲求」として実態を得る。

このような状態を体感した時、人間の魂は間違いなく成長する。自分の才能の開花がもたらした成果を目の当たりにした時、その人は、自分の中に知性と精神性の高まりを見出す。その瞬間を、筆者はこれまで繰り返し目撃して来た。その瞬間は、我がゼミに所属してくれた学生さんたちが学位論文を書き上げた時、彼らに必ず訪れた。彼らの知的発見の旅が終着点にたどり着き、論文の結論という成果物を生み出した時、彼らは、もはや、それまでの彼らではなくなっていた。そこには、不可逆的な魂の成長があった。

このような感動的なプロセスを、日本の今日的労働は紡ぎ出すことが出来ているだろうか。そのようなケースが全く皆無だとは言えないだろう。新種の商品やサービスを生み出すための渾身の努力が成果を生んだ時、そこには、その挑戦に取り組んだ人々の魂の成長が、間違いなくあるだろう。だが、このような場面は次第に希少化しているのではないだろうか。かつて、日本企業は短期的収益もさりながら、長期的な視野で新たな境地を切り拓くことを目指していた。新境地の開拓に向けて、人をじっくり育むことを旨としていた。ところが、ある時から、日本的経営のそのような構えが変わり始めた。二つの要因が、この変調をもたらした。

◆焦りが変えた日本的経営

日本企業を変えた要因は一に焦り、そして二に脅しであった。筆者はそう考える。

日本企業が焦りの虜となったのは、バブル崩壊後の「失われた10年」がようやくその終幕を迎え始めた頃のことである。「失われた10年」というよりは、「失われた10年パートワン」と言った方がいいだろう。その後に「失われた10年パートツー」と「失われた10年パートスリー」が押し寄せて来て、今日にいたっている。そんな感じだと考えていいだろう。

失われた10年パートワンが襲来したことによって、日本経済は集中治療室に入ることを強いられた。不良債権問題やデフレスパイラルで命を落とし切ることのないよう、様々な生命維持装置を装着されて身動き出来ない状態に陥った。それでも、21世紀に足を踏み込むタイミングで、ようよう、集中治療室から出て退院する時がやって来た。

すると、大変なことになった。病院を一歩出たら、そこはグローバル競争の世界だったのである。すっかり体力が落ちているというのに、日本企業はリハビリに取り組む間もなく、グローバルな土俵に上がって関取衆と相撲を取ることを強いられた。その現実に直面した日本企業の焦りたるや、どれほどのものであったろう。集中治療室に入っている間に、出現したグローバル経営の先端手法を何とか取得しなければならない。のんびり構えていたら、たちまち、存続の危機に陥る。この大いなる焦りが、日本企業をひたすら効率とコスト削減の方向に追いやった。彼らは、成果主義に基づいて従業員を選別するやり方に、我勝ちに飛びついた。人々はその才能を開花させる時間を与えられず、魂の成長無きままにこき使われることになった。

◆脅しが狂わせた日本的経営

焦りの渦中でアップアップしている日本企業に、次には脅しの圧力が伸し掛かることになった。脅し屋は、故安倍晋三元首相、すなわち筆者呼ぶところのアホノミクスの大将である。2012年12月の政権発足とともに、アホノミクスの大将は「日本再興戦略」に乗り出した。その要に位置漬けられたのが、日本企業を「攻めの経営」に目覚めさせ、その「稼ぐ力を取り戻す」ことにあった。そのための「ガバナンスの強化」も盛んに強調された。日本企業に、「攻めのガバナンス」

を展開するよう迫った。ここでいう「攻めのガバナンス」とは収益力アップにつながるガバナンスの意だ。本来、コーポレートガバナンスすなわち企業統治は、企業が収益力アップばかりに邁進して倫理性を失うことを阻止するための仕組みだ。それを全く逆方向に作用するように持っていけ。アホノミクスの大本営から、日本企業に向けてこのような大号令が飛んだのである。

この大号令によく従って収益力の向上を実現した企業に対しては、「ＪＰＸ日経インデックス４００」（略してＪＰＸ日経４００）なるものの仲間入りというご褒美が与えられることになった。この指標は東京証券取引所と日本経済新聞が共同開発したものだ。東証上場企業の中から、「財務や経営が優秀で投資家にとって魅力の高い４００銘柄」を選んで集約し、指数化した。

かくして、アホノミクス政権の発足とともに、日本企業はこれでもかこれでもかとばかりに、「攻めろ」、「稼げ」と脅しを掛けられまくるようになった。落ち着いて創造性を培うゆとりなど、消えてなくなった。確実に稼ぐためにはどうしたらいいか。権力のお眼鏡に叶う収益率を確保するために、いかにしてコストを削減するか。ＪＰＸ４００に仲間入り出来るためには何をすればいいか。そこから仲間外れにならないためには、どうすればいいか。こんなことばかりを考えるようになればなるほど、日本企業は人間的労働の条件から遠くに追いやられて行くのであった。

◆無償性に根ざす労働の尊厳

十戒その六が「人間的労働は人間に無償性を付与する。」で、その七が「人間的労働は人間の尊厳を脅かさない。」であった。

労働が無償でなければならないというのは、おかしい。それこそ、やりがい詐欺ではないか。そう思われるかもしれない。だが、ここは大いに注意を要する。むろん、価値を生み出す労働は、それに見合った報酬に値する。経済学の生みの親、アダム・スミス先生の労働価値説がまさにそれを言っている。だが、そのことは、報酬の高さに人間的労働が服従することを意味しない。例え、どのように高い報酬が得られようとも、ロクでもないことのためには働かない。例え、どのように「攻めの経営」に適うとしても、「稼ぐ力」の増強に寄与しようとも、理と倫に反することは出来ない。他者に喜びをもたらすものこそ、人間的労働が生み出すべきものだ。この感性が脈々と生きている時、労働は見返りを求めない。求めるのは、他者の歓びにつながる成果物のみだ。この感性が貫徹される時、報酬は結果に過ぎない。目的ではなくなる。

無償性に根ざす労働は、尊厳に満ちている。そこには、媚びがない。ご褒美を期待したり、ご褒美を奪われることを恐れたりする怯《ひる》みがない。無償性に根ざす労働は脅しの前でおどおどしない。焦りに振り回されておろおろしない。凛然《りんぜん》とした労働を求める企業経営は、人間的労働の条件に適う。

◆諦めと自己正当化はご法度

十戒その八が「人間的労働は人間を脅かす技術革新を許さない。」だった。そして、その九が「人間的労働はコスト削減のための雇用喪失を許さない。」である。

この二つの戒めは、今日的労働の人間性チェック上、実に厳しいものだ。今日の日本の経営は、引き続き、焦りと脅しにさらされている。焦りも脅しも、その質はそれなりに変化している。焦りは、むしろ、失われた10年パートワンの時よりも強まっているかもしれない。「何をやっても上手くいかない」感が深まっているかもしれない。何はともあれ、効率化を進めなければ。スリム化を実現しなければ。これらの思いが、日本企業の人件費削減願望を駆り立てる。そして、人件費削減を最も確実にもたらしてくれるのは、AI活用による人手節約だ。今のように人手不足が深刻化し、そのことが人件費の高騰につながりかねないという状況の中では、ことのほか、「人間を脅かす技術革新」に頼りたくなる。「コスト削減のための雇用喪失を許さない」と言われても、それが許されなければ、企業は存立の危機にさらされる。このような状況に当面する中で、どうすれば人間的労働の条件を満たせるというのか。そう悲鳴を上げたくなる日本の企業経営者の苦悶は解かる。

一体どうすればいいのか。簡単に答えは出て来ない。だが、重要なことは、どうすればいいのかがにわかには解らないながら、どうしなければいけないのかを認識していることだと思う。今、自分はこれをしている。本当は、今自分がしているこれは、してはいけないことだ。ところが、当面、これをすることは避けられない。だが、だからと言って、今、自分がしていることを正当化してはいけない。何とかして、今、自分がしているこれを止めるための道を探り当てよう。それを諦めないでいよう。このような思いを胸に抱き続けること、心の中に差し翳《かざ》し続けることが決定的に重要なのだと思う。

モーゼの十戒も、それらを完璧に守ることはとても難しい。厳しい掟だ。それを破ることに向けて、人間を誘う誘惑は夥《おびただ》しい。だからこその十戒なのである。願わくば、誘惑に負けることは免れたい。だが、誘惑に屈した時、それを正当化することは、最もまずい。今、自分は誘惑に負けた。それを否定しない。そして、この敗北の中から何とか脱却する。その決意を心に抱いていることが、今日において人間的労働の条件を満たす道に向かって、扉を開いてくれるのだと思う。掟破りの自己正当化が、一番恐い。仕方がない。止むを得ない。これしか無い。こうして自分を説得してしまうことなく、十戒その八とその九に適う道を模索し続ける。この姿勢と決意が、今日的労働の人間性の高まりにつながるのだと思う。ギブアップしてはいけない。汝、絶望することなかれ。

◆孤立と分断を許さない

人間的労働の十戒その十が、「人間的労働は人間関係の深まりをもたらす。」だ。これは、人間的労働の本質中の本質だと思う。人間は誰も一人では生きていけない。誰もが誰かに支えられ、誰もが誰かを支えている。このことを、フランシスコ教皇は、キリストの「善きサマリア人」の例えの中に見出している。この点については、次節で改めて考えてみたいと思う。そこに行く前に、ここでは、今日的労働の孤立化問題について考えておきたい。

今日的労働は、間違いなく、孤立と分断の力学にさらされている。前述の通り、反ペリフ化教皇がそのことを指摘されている。復習しよう。「兄弟の皆さん」の中で、教皇様は多種多様な働く人々、そして働くことから排除されている人々に団結の場が与えられるべきだとおっしゃっている。誰ひとりも団結の場から排除しない。そのような大衆運動の必要性を唱えられている。ということは、すなわち、今日的労働環境の中で、人々は分断されているということだ。働く人々の間に人間関係の深まりが形成されていない。彼らは孤独だ。孤立した状態で、何とか自分の生活と生存を守り抜こうと懸命になっている。共有される喜びは倍加し、共有される苦しみは半減する。そのような共有の安心網にアクセス出来ない労働は、不幸だ。そのような労働に人間性チェック上の高い評点を与えるわけにはいかない。

さて、これで何とか一通り、「人間的労働の十戒」に則した日本の今日的労働の人間性チェックを終えることが出来た。その結果は、なかなか惨憺《さんたん》たるものだ。今日の日本の労働は、十戒の教えからあまりにもかけ離れたところに来てしまっている。焦りと脅しが日本企業の魂を蝕《むしば》み、人間が人間であることを忘れさせている。この状況から日本の経済社会を脱却させることが出来るのか。日本の経済社会は、人間的労働の条件を取り戻すことが出来るのか。そもそも、日本の経済社会において、人間的労働の条件が成り立っていた時期はあるのか。これらのことについて、次節で考えてみたい。

3、　人間の条件としての労働の有り方

◆池波正太郎が描いた「人間的労働の十戒」に適う世界

日本の経済社会において、人間的労働の条件が成り立っていた時期はあるのか。前節の最終部分にこのように書いた。すると、ある本のことが頭に浮かんだ。池波正太郎著の『よい匂いのする一夜』である。雑誌「太陽」に連載されたコラムが、1981年4月に平凡社から刊行された。池波正太郎氏の食通振りは良く知られている通りだ。その池波先生が、取材や息抜きで行く先々の旅館やホテルのたたずまいやサービスの質、そして食事の献立について語っている一巻だ。だからと言って、これは単なる「グルメの食べある記」ではない。著者ご本人も、その

『よい匂いのする一夜』(講談社)

池波正太郎

ようには読んで欲しくないと「まえがき」でおっしゃっている。だが、その懸念はない。深みと広がりに満ちた随筆集に仕上がっている。このところ、この珠玉の一冊を久々に読み直していた。講談社版の文庫本バージョンだが、それでも30年余り前のものなので、いい具合に黄ばんでいて、趣が増している。

今、このタイミングでこの本を再読することになったのは、きっと、天恵のなせる技に違いないと思う。なぜなら、この著書の中で語られる人々の姿と労働の有り方が、押しなべて、「人間的労働の十戒」に適っているからである。

池波先生が愛して止まなかった老舗の宿の数々において、人間は決して使い捨てられることがない。躾《しつけ》は厳しいが、弱者を邪見にすることはない。従業員に不当な格差をつけることはない。待遇は良くする。長く勤めながら仕事をしっかりこなして欲しいからだ。30年・40年と勤め上げる客室係の女性たちやボーイさんやシェフたちは、そのおもてなしの才能をいかんなく開花させる。彼ら彼女らには、間違いなく、魂の成長がある。だから、池上先生を感動させる。彼ら彼女らは、まさに無償の愛をもってお客様にサービスする。チップを弾んで頂き過ぎだと思えば、返納する。あるいは、おみやげを用意する。このような人々は尊厳に満ちている。コスト削減のための雇用喪失は起こらない。このような空間においては、人間関係は確実に深まる。従業員同士の間においても。経営者と従業員の間においても。お客様とその宿の全部の人々との間においても。

むろん、これは古き良き時代の風景だ。高度成長期への突入とともに、この風景はどんどん変貌して行く。昔のような商売をしていたのでは、もう食っていけなくなった。それなら、いっそ止めてしまおうと思う。こう言って、「人間的労働の十戒」に適う経営者たちがどんどん廃業して行く。そのことを嘆きながら、池波先生は、古き良き時代のどこがどう尊かったのかを、我々に示してくれている。

そうは言っても、日本の今日的労働を、昭和前期までのような環境に立ち戻らせるわけにはいかない。あの頃は何と良かったことか、と言ってノスタルジーに浸っていても、状況は変わらない。だが、そこには、人間的労働の条件に関する一つの雛型がある。それを今日的なものに設計し直すとどうなるか。この雛型の中に脈打っている当時の人々の精神性を21世紀の資本と労働の関係の中にも脈打たせるためには、何が必要なのか。そこを目指して、我々に出来ることは何か。それを考えようとする姿勢を我々が広く共有すれば、思いがけない形で状況を変えることが出来るかもしれない。そのように思えて来た。

この池波先生本の中に、三井さんという老人が登場する。池波少年が兜町の株式仲買店に勤めていた時、同業他社で外交員をやっていた。その人が「正ちゃん」に向かっていう。「切羽つまった生き方をしてはいけませんよ。たとえ気分だけでも余裕《よゆう》の皮を一枚、残しておかなくてはいけない。」この「切羽つまる」という言い方は三井老人の口癖で、東京オリンピックから高度成長期へとグイグイと進む日本の世相の様々な側面に向けて、彼はこの言葉を発した。そして今日、焦りと脅しに追い立てられまくっている日本の世相は、ますます、切羽つまったものになっているのではないか。生成ＡＩを使いこなさなければいけない。ロボット化を進めなければいけない。デジタル化は待った無しだ。そのようなスローガンの嵐に見舞われて、人々はどうしようもなく切羽つまっている。切迫感に押しつぶされそうになっている。どこかで誰かが、「気分だけでも余裕の皮を一枚」取り戻してくれないものだろうか。立ち止まって、少し切羽つまるのを止めてみようと思う人々がどこからか、出現しないものだろうか。田舎に移住する人々が増えたりしているのは、ひょっとすると、このような方向感のかすかな兆候かもしれない。

次の項に進む前に、池波先生本からギョッとしてゾッとする一節を引用しておきたい。東京オリンピックを境とする東京の激変振りについて語っている。次の通りだ。「戦時中の軍人たちの傲慢と奢《おご》りが、そのまま政治（与・野党を問わず）と企業に乗り移ったかの感がする。」くしくも、我々は二回目の東京オリンピックを体験した。人間は切羽つまり過ぎると、傲慢と奢りの中に逃げ道を見出そうとするのかもしれない。この歪んだ精神性から脱却しない限り、日本の経済社会は「人間的労働の十戒」に適う境地に到達出来そうにない。

◆善きサマリア人とその助け手たちがもたらす人間の条件としての労働

前節で、聖書の中の「善きサマリア人」の例えにみる人間関係の深まりの構図について、考えたいと申し上げていた。それをここで試みることにしたいと思う。「善きサマリア人」の例え話は、隣人を愛するとはどういうことで、自分にとって隣人とは誰なのかと、ある律法の専門家が質問した時に、イエス・キリストが語られたものだ。

　ある人が追いはぎに襲われて大怪我をして、路上に倒れている。そこに、まずはある祭司が通り掛かるが、見て見ぬ振りをしてそそくさと立ち去る。次に、祭司をアシストする立場にあるレビ人が現場にやって来るが、やっぱり、瀕死の人を無視して通り過ぎて行く。三番目に登場するのがサマリア人の旅人だ。サマリア人はユダヤ人たちに蔑まれている。人間扱いされていないと言っても過言ではない。だが、このサマリア人は、瀕死の怪我人を目にするや、それが自分の同胞であるか、宿敵ユダヤ人であるかなどということは一切考えず、必死で怪我の治療に乗り出す。そして、彼を近隣の宿屋に運び込み、面倒みてくれるようお願いする。そのためのお金も宿屋の主に渡す。さらには、これでもし足りないようなら、帰り道に必ず立ち寄って精算するから、どうぞよろしく、と言う。

　この例え話は、前述の律法学者が発した「私の隣人は誰なのか、教えて下さい。」というお願

「善きサマリア人」

いに対する答えとして語られた。相手の素性を問わず、見返りを求めず、自分の旅程への影響も一切顧みず、窮地に陥っている人に惜しげなく手を差し伸べる。これが真の隣人の有り方だ。これが、イエス・キリストのお答えだった。偉そうに構えた律法の専門家の問いかけを、完全に逆手に取っている。律法学者は、自分にとって愛すべき隣人、手を差し伸べるべき隣人を特定してくれと言っている。ひっかけ質問だ。それに対して、例え話を語り終えたイエスが、瀕死の人にとっての隣人は、司祭かレビ人かサマリア人かと問いただす。律法学者は、サマリア人だと答えざるを得ない。じゃあ、あなたもそのような隣人になりなさい。イエスはそう言われる。自分が愛すべき相手、助けるべき相手を示してくれ、と迫ることで、イエスを窮地に追い込もうとした律法学者は、逆に、真の隣人として、自分がどう振舞うべきかを突きつけられてしまう。しかも、その模範として、自分が軽蔑しているサマリア人の行いを示されてしまう。ぎゃふん。

素晴らしい例え話だ。偽善者をやっつけるに当たって、イエスの巧みさは全く見事だ。それはそれとして、この「善きサマリア人」の例えについて、フランシスコ教皇が「兄弟の皆さん」の中で実に目を引く洞察を示されている。善きサマリア人こそ、無償の愛の表現者であると指摘された上で、そのサマリア人も、決して独りでは、その無償の愛を貫徹出来なかったとおっしゃっているのである。そこに、サマリア人が運び込んだ怪我人を受け入れてくれる宿屋があったからこそ、瀕死の人の救出作戦は実現にいたった。そのように指摘されている。

確かにその通りだ。面倒な問題に関わることに、宿屋という宿屋が背を向ける可能性もあった。

商売繁盛の中で、そんな面倒なことに関わっていられるか。そのような総スカンを食らってしまったかもしれない。だが、そこに躊躇なく善きサマリア人の要請を受け入れてくれる宿屋があった。サマリア人が払ったお礼に目が眩《くら》んだのかもしれない。だが、ただ単にそれだけなら、帰り道に精算するという話を受け入れるはずはないだろう。余ったら返すからもっとよこせ、と言ったに違いない。

かくして、無償の愛もたった一人の人間の力だけでは、なかなかその思いを遂げることが出来ない。そこに人間関係の深まりがなければ、連帯の誕生がなければ、事はなかなか上手く運ばない。だからこそ、反ペリフ化教皇は、縁辺化される全ての人々の団結を可能にする大衆運動の必要性を訴えられる。「善きサマリア人」の例えの中に、分断と孤立を跳ねのける団結と一致の力を見出した教皇様の慧眼はさすがだ。

そこに善きサマリア人がいて、そこに彼に共感し、彼をアシストしたいと思う人々がいる。この関係が、今日において、人間が人間で有り得るための条件を満たす労働の有り方の出現につながる。そういうことではないか。光栄にも、筆者が本書の共著者としての立場を共有させて頂いている雨宮処凛さんと清水直子さんは、お二人とも善きサマリア人だ。彼女たちは、縁辺に追いやられている人々を決して見過ごさない。躊躇なく救出に乗りだす。そして、彼女たちの勇気が人々の勇気を奮い立たせ、行動を促す。こうして、一人ひとりの善きサマリア人の周りに沢山の心ある宿屋の主たちが集まって来る。それらの宿屋の主たちは、いずれも池波先生にこよなく愛されるタイプの人々だろう。このコラボの中から、人間の条件としての労働の有り方が姿を現す。筆者はそう確信する。希望はある。

鼎談

縁辺労働者が切捨てられない社会への模索

浜　矩子
雨宮処凛
清水直子

2016年の「NO LIMIT 東京自治区」初日の「アジア永久平和デモ」

〈鼎談 2023／12／3〉

雨宮　今日は、三人が執筆した原稿を元に鼎談をしたい、ということで集まっていただきました。浜先生、ご自宅をお貸しいただきありがとうございます。では早速、浜先生から原稿を読まれたご感想などからお話しください。

浜　この本を作るにあたって、私もいろんな観点からペリフ化とは何かということを考えようとしてきましたが、雨宮さんと清水さんの原稿を読ませていただき、まさに生々しいペリフ化の現状が鮮明に描き出されていることに、なるほどと思わされました。この本の私の担当部分で、フランシスコ教皇がペリフ化について言われていることを紹介しているわけですが、お二人が目の当たりにし、救いの手を差し伸べておいでの世界の中では、まさに教皇様が指摘されている通りの形で人々が縁辺に追いやられている。これがペリフ化のリアルだ。つくづくそう思いました。その日暮らしで、その日を暮らすことさえできるかどうかもわからない。縁辺化されることにどんな恐怖が伴うか、すごく実感できました。

教皇様が、あれだけペリフ化を断固として否定し、「汝ペリフ化することなかれ」と言われたのは、そうした恐怖の中で生きる状態に人間を決して追いやってはいけない、という切実な確信に基づいてのことでした。お二人の活動の実態に触れることが出来たおかげで、教皇様の危機感への理解が深まりました。お二人のルポルタージュによって、我々が闘うべき対象としての縁辺化の実態がすさまじい形で描出されていると思います。お蔭様で、この鼎談も問題の焦点がしっかり定まった形でオープニングできそうな予感に満ちています。この予感に後押しされつつ、縁辺に追いやられた人々の実態とそこに彼らを追いやったものが何であるのかについて、これからお二人と議論していきたいと思います。

日本において、この間、非正規雇用の比率が2倍になるなど、ペリフ化が急速に進んできました。このことについて怒りと焦燥を強く感じます。フランシスコ教皇が指摘されている通り、縁辺化されるというのは、人が人であることを否定されることを意味します。そんな人間性の否定がはびこることを許すわけにはいきません。働く人々の人間性を否定するなどというのは、もとより、まともな経営者のやることではありません。そんな経営には魂がありません。なぜ、そのような無魂経営が広がってしまったのでしょうか。この辺りについて、是非、お二人のお考えを伺いたいと思います。

雨宮さんは「失われた30年の女性たち」の中で、それ以前からも女性たちが縁辺化されていたことをお示しくださっています。それと同時に、従来なら縁辺化の対象とならなかった日本男子たちもそういう憂き目に遭うようになったという重要な事実についても指摘されています。人々が縁辺労働的に扱われることも、彼らの労働が小遣い稼ぎの領域に止まるなら分からなくはありませんが、それで生計を立てなければいけないとなるとそれは大変なことです。そういう惨めさが、日本だけではないにしても、日本の場合は特にひどくなっているという現状を、読者の皆さんにしっかり訴え、幅広く知ってもらいたいですね。

1、ステルス不安定雇用化と「寝そべり族」「だめ連」

雨宮　私の原稿では特に女性に光を当ててそうした実態を描きましたが、最後のほうで、アジアの人たちが連帯して、「NO LIMIT」という運動を進めているということを書きました。執筆当時はまだ開催されていませんでしたが、今年（2023年）の9月20日から10月1日にかけて、自国でいろんな活動をしている人たちが、韓国、台湾、香港、中国、ニューヨークなど、いろんな国から集まりました。海外からは100人ぐらい、国内の外国人、日本人も含めると数百人が参加して様々なイベントで交流と議論が交わされ、この縁辺化・ペリフ化といった問題も共有するような場になりました。

きっかけは3・11でしたが、もう一つ、大きなことは安保法制です。2015年に、集団的自衛権の行使容認、自衛隊による米軍の後方支援拡大をうたった安保法制が強行採決されそうだという状況が生まれました。これに対して、アジアで脱原発や反戦運動をはじめ、アーティストだったり自分でスペースを運営していたりといろんな活動をしている人たちから、日本でこんな危ないものができたら、アジアの近隣諸国で対立が煽られて大変だという声が大きくなりました。そうした中で、どんなに戦争や対立を煽られても、とにかく民間の人同士が仲良くしようということで、アジアの貧乏人交流をテーマとした「NO LIMIT」と呼ばれる運動が始まったんです。まず、２０１６年に日本で開催され、翌年にソウル、その翌年にインドネシアで行われました。それがコロナパンデミックでしばらくできなかったんですが、２０２３年、7年ぶりに「NO LIMIT 高円寺番外地」として日本での開催になったんです。

約１０日間で５０くらいのイベントが開催され、台湾や韓国のバンドがライブをしたり、連日トークイベントがあったり、焚き火をしたり、毎晩路上飲みしたり、アジア各国の女性たちで「フェミお茶会」をしたり、パプアニューギニアとの中継があったりと、夢のような時間を過ごしました。最終日には、戦争から高円寺再開発、インボイスなどあらゆることに反対する「全部に反対デモ」も開催されました。そんな中でも一番ホットだったのが、中国から「寝そべり族」関係の人が来たことでした。

原稿で書いた通り、中国では２０年頃から競争に疲れ果てた若者たちが最低限生きられるだけ働くという、上昇志向とは無縁の「寝そべり」ムーブメントが大流行しています。

今回来日したのは、上海で「怠け者の家」というスペースを運営する２０代の女性や、中国で様々な社会運動をしている人で、中国の「寝そべり族」について話してくれました。

「寝そべり族」イベントは2回開催されたんですが、一番盛り上がったのは、「寝そべり族」と「だめ連」と「だめライフ愛好会」が出演した、「世界三大ぐうたら抵抗運動がついに激突！」というトークイベントです。

　中国から来た「寝そべり族」関係の人と「だめ連」の神長さん、中央大学、東海大学、法政大学、大阪芸大などの「だめライフ愛好会」が語り合ったのですが、目指すものがまったく一緒で感動しました。とにかくみんな、既存の資本主義の中でお金儲けをすることにまったく魅力を感じておらず、もっとクリエイティブに、自由に生きたい。経済成長とかのしょぼい物差しではなく、生き方も評価の基準も多様であり、収入が少なくても楽しく生きることはできる、という主張です。

　このイベントでは、中国で社会運動をする難しさについても語られました。例えば政府の監視が厳しいため、日本のようにインターネットで情報を広めることができない。また、人が集まることも「ゼロコロナ」政策で厳しく規制されていたので、どうやって監視の目をかいくぐって人が集まるか、いろんな裏技が発明され、実践されているということで、そんな「裏技」についてもたくさん聞きました。詳しいことは彼らに迷惑がかかるので言えないのですが、日本だっていつ中国や香港のように、自由に活動できない社会になるか分かりません。そうなった時のための裏技をたくさん仕入れました。結局、そういう社会になるとインターネットが使えないので、紙媒体のZINN（ミニコミ的なもの）が流行っているということでした。中には「SNSなんてもう古い、これからは版画だ！」と、版画を掘りまくっている中国人の20代女子もいました。

　一方、ペリフ化という意味では、韓国でも日本と同じ状況が生まれています。韓国では十数年前、若い世代が「88万ウォン世代」と名付けられました。大学を出たのに非正規でしか働けない若者が多く、そんな20代の非正規の平均月収が88万ウォン、8万円ぐらいしかないということで名付けられたのです。

また、11年には「三放世代」という言葉も登場しました。恋愛、結婚、出産という3つを手放すという意味です。その後、手放すものはどんどん増えて、三放に加えて就職、マイホームも諦める「五放世代」、それに加えて人間関係や夢も諦める「七放世代」となり、とうとうすべてを諦める「N放世代」となっています。非正規、不安定雇用ゆえ、あらゆることを諦めなくてはならないという韓国の若者が置かれた状況は、日本と非常によく似ています。

中国の話に戻りますが、今回、中国からは20代の女性もたくさん来てくれました。嬉しかったのは、そんな女性たちが私の本『非正規・単身・アラフォー女性――「失われた世代」の絶望と希望』(光文社新書)を読んでくれていたことです。この本は18年に出版されたのですが、タイトル通り、非正規で働く独り身のアラフォー女性たちの不安や老後の心配、「普通に生きたい」と思いながらもそれがなかなか叶えられない実態について、いろんな女性にインタビューしたものです。それが今年、中国で翻訳出版されたのですが、それを読んでくれていたのです。その女性によると、中国の女性たちにも共感されているということで、嬉しい驚きでした。

「一人っ子政策」の中国では子どもに対する親の期待が大きく、いい学校、いい会社を求めつつ、娘だったらそれに加えて子どもを産めという圧力が強いそうです。しかし、競争が激しい中国で勝ち抜くのは至難の技であり、そんな中、結婚や出産に前向きになれないなど、日本の女性と同じ生きづらさを抱えているということでした。だからこそ、翻訳出版されたのだろうと。その背景には、アジア特有の家父長制の下での苦しさがあるのでは、という話にもなりました。

それはたぶん、欧米のフェミニズムとアジアのフェミニズムの違いにもなっているのでは、ということについても語りました。この話には韓国や台湾の女性たちも共感していました。そして家父長制であるからこそ、女性の不安定雇用は放置される。また、女性が仕事や雇用に関する不満を訴えても、早く結婚しろ、早く子どもを産めという話にすり替えられてしまう。そういう意味でも、ペリフ化する労働は女性に共通する問題であり、アジア共通の問題でもあると思います。もちろん、欧米でも同じようなことが起きているわけですから、世界的な問題でもあります。

浜　今のお話を伺って二つ思うことがありました。

一つは、中国でもペリフ化される女性たちがそんなに多くて、家父長的なものがそんなに強いという点です。そういうことは秘められている感じがしますよね。中国は男女を問わず、機会が満ち溢れていて、すぐ起業もできるし、兼業副業で収入が増える人たちが多いといった、華やかな話ばかりが伝わってきます。実際には、それは一握りの人たちのことなんでしょうね。日本では、経団連が盛んに働く人々のデジタルスキルを高め、「ＡＩリテラシー」を高度化すべしと叫んでいます。彼らが２０２０年３月に発表した「Society 5.0 時代を切り拓く人材の育成企業と働き手の成長に向けて」という報告書の中では、会社で働く人々を「一般社員」と「スペシャリスト社員」に切り分けて、それぞれにふさわしいデジタルスキルを身に着ける方向に持って行くべし、と宣言しています。こういうやり方の延長上には、「一般社員」の中でなかなか「デジタルリテラシー」を高められない人々が次第次第に縁辺に追いやられて行くという構図が待ち構えているように思われます。お話を伺えば、どうも、中国もそれと同じだということのようですね。習近平体制が目指しているものの中には、弱者は切り捨て、「スペシャル」な能力を持つ人々を大優遇して世界制覇に向かって突き進むというイメージが、色濃くにじみでているなと思いました。

もう一つは、「寝そべり族」とか「だめ連」に関連して、私も自分の執筆担当パートの最後のほうで、「切羽詰まるのをやめようという人たちが出てくることに希望があるんじゃないか」と書いたんですが、雨宮さんのお話を聞いて、結構その点で一致したなと思って嬉しくなりました。ところで、現実的に「だめ連」や「寝そべり族」の皆さんの生計はどうなっているのでしょう。一応は成り立っているわけでしょうか？

雨宮　「だめ連」は原稿にも書いた通り、ぺぺ長谷川さんと神長恒一さんの二人が92年に結成した「老舗」のだめ人間集団です。ぺぺさんは残念ながら23年2月に亡くなりましたが、この30年ほど就職などせず、週一くらいの最低限のバイトなんかでむちゃくちゃ楽しそうに生きていました。もう一人の神長さんは今50代なかばですが、交流やデモなどで忙しいからと、学童保育や障害者介助で週2、3回しか働かず、今も月収7万円ぐらいだそうです。同じ生き方をするパートナーと住んでいるので家賃を折半しているそうですが、家賃が確か5万円くらいと言ってたので、問題なく暮らせているそうです。旅行に行く時は鈍行、行く先々で釣りをして釣った魚を食べたりと、元祖スローライフですよ。ある意味、30年前からSDGs（持続可能な開発目標）を先取りしている（笑）。で、本人の幸福度はすごく高そうなのです。

そういうライフスタイルは、高円寺界隈では結構一般化しているところがありますね。ただ、高円寺独特の安いアパートとか激安飲み屋とか、再開発されていない地域独特のインフラやコミュニティがあるからできるということもあるでしょうが。もともとあまり働かない人や昼間から飲んだくれてる人がいても白い目で見られないという、街独特の空気があることも大きいですね。私は過労とかパワハラなんかで死にそうな友人がいると、高円寺のそういうコミュニティに連れていきます。そうするとみんな、死を考えるほど仕事の比重が自分の中で大きくなっていたことに気づき、死ぬくらいだったら会社なんか辞めて適当に楽しく生きよう、という正気を取り戻します。

2、虐げられし人たち同士の正義と平和が抱き合うためには

浜　自給自足的なんですね。一方で、清水さんが対象とされているプレカリアートたちは、どうなんでしょう。「だめ連」に入って幸せになれるんでしょうか。

清水　活動家は別にして、圧倒的多数の不安定な人たちはそうはなれないでしょうね。もちろん、何かを振り切った状態で出家をしたり、財産を寄付して修行する方だって昔からいました。それに近いような状態でも、幸福度が高いような人はずっといたんだと思います。では今、皆んながみんなそれができるかというと、事態はもう少し複雑で、なかなかできないと思います。

不安定労働をしている当事者には、その状態に移行していく過程があるはずですが、外形的にも内面的にも、自分は絵に描いたような不安定労働だと自覚できないままそうなっていくので、分かりづらいということもあると思います。

浜　知らない間にそうなってしまうんじゃないか、ということでしょうか？

清水　うまく言えないのですが、平均的な存在の人が、不安定な状態に仕向けられていく過程で、頑張って対応していれば、そのシステムの中である程度は生き延びられるわけです。けれども、

本人がその頑張りを手放してしまったり、世の中のシステムがある層を切り捨てる方向に動くと、その頑張って対応していた人たちもまた切り捨てられてしまいます。最初からいきなり自分は不安定労働者だと自覚するところに置かれるわけではない、ということです。

ただ、その枠組みを疑うとか、抵抗したり反撃するとか、団結をしてそれを変えようとすることが、だんだんできないようになってきている感じはします。そのためには、状況や枠組みを理解するための知識を得る時間とか、人間関係的な余裕といったものが必要ですが、それがなかなか持てません。いきなり何割かの人が使い捨て労働になるわけではない。吹っ切れた人は高円寺に行くかもしれませんが、誰でも高円寺のコミュニティで暮らせるわけじゃないですし。

浜　高円寺に行くにもエネルギーが要りますからね。

今のお話を伺っていて、「ステルス（隠密性や密かな行動）」という言葉が頭に浮かんできました。「ステルス値上げ」というのも今ちょっと流行ってるじゃないですか。密かにパッケージの中身の分量を減らすことで、事実上値上げしているというようなケースです。それと同類のやり方で、さりげなく隠密裏に縁辺に追いやられて行く。清水さんのお話を伺っていて、いわば、「ステルス不安定雇用化」というような現象が密かに進んでいるのだなと思うにいたりました。それは、やりがい詐欺なんかにもちょっと繋がるところがあるかと思います。知らず知らずのうちに、やりがい欲求さえ満たされれば低賃金に甘んじて当然だと思い込まされる方向に誘導されて行く。

怖いですね。

雨宮　そういう見えづらい状況が、今の冷笑的な空気の下支えにもなっているという気がします。現状を変えるという発想も団結の可能性もなくなると、まだ諦めずに何かを変えようとする人を馬鹿にしたり、嘲笑するほうにばかりエネルギーを使うようになる。それが年々異常なほど顕著になってきていますね。

浜　冷笑的とは、悪政には抵抗しようとか、世の中を変えようとか、世直しをしようとかというようなことを主張する者に対して、冷笑が浴びせられるということでしょうか?

雨宮　ひろゆきさんが、沖縄・辺野古の新基地建設反対の座り込みには人がいなかったと投稿したのもその一例です。デモなどをやっても、常に冷笑型の罵詈雑言《ばりぞうごん》が飛んできますよね。変えようとまだ希望を持っているやつらが許せない、みたいな。

浜　今それを伺いたいなと思っていたのですが、どういう人たちが冷笑するのでしょうか。

雨宮　ペリフ化する労働の真っ只中にいながら、モヤモヤしつつも振り切れていない多数の人たち、というイメージです。

浜　それはプレカリアートたちでしょうか？

清水　単純化して整理はできないかもしれませんが、ペリフ化する労働者でも、何かの情報に接する余裕があるような人たちかもしれません。政策的に権力や金持層にとって都合のいいようにシステムが組み替えられる時に、それに順応することで生き延びようとする人たちにとっては、それは自分の視点からすれば合理的であり、正しい振る舞いなのだと感じるでしょう。自分は正しいことをしているし、それなりに頑張っているのだと。

でも、それが合理的かどうか、中長期的にその方向に動くことがどういう意味を持つのか、それを俯瞰《ふかん》し、並行して考えることもできるはずですが、それを手放してしまっているわけです。自分は正しく頑張っているのに、その努力もしないで不満を述べている人たちは、自分の正義にかなっておらず許せない、ということで攻撃に繋がっている面があるのではないでしょうか。

浜　その分断の構図は怖いですよね。頑張っている者にとっては、寝そべりは単にいい加減な奴らであり、調子よくて許せないということになるし、生活保護の受給に関する感覚ともちょっと似ているところがありますよね。だから、ペリフ化に対抗しそれを克服するためには、絶対に分断されてはいけないし、孤立させられてはいけないんですが、まさに分断と孤立に向かうステルス圧力が働いているということでしょうかね。

雨宮　時の為政者にとっては、ペリフ化する労働者を抑えるには、分断が一番都合がいいでしょう。それに分断を仕向けるのは簡単です。ただでさえ、普段から競争させられ、少ないパイを奪い合わされ、人の不幸を願うような状況にいるわけですから。

厳しい状況に置かれている人ほど、ホリエモンやひろゆきさんといった新自由主義的でトリッキーな（奇をてらう）成功者を支持するという側面もあります。彼らの自己責任論を支持し、貧乏人を見下すことで、自分も彼らと一体化した気分を味わう。多くのペリフ化した人々にとっては、困窮者に対する支援など偽善にしか見えないわけです。

清水　そうですね。切羽詰まって、組合に直接相談に来ることができた方は、そこまでは言わないでしょうけれど。例えば、賃金不払いを開き直っている会社に私たちが街宣車で給料を払えと大きい音で抗議していると、血相を変えて文句を言ったり、ツバをはいていく人もいます。恐らく同じような生活をしている方たちなのでしょうが、何が問われているかには耳を傾けず、「聞いたら負け」くらいの気持ちになるのでしょう。そこから、自分のテリトリーが侵されたと思い込み、自分こそ正義でありそれを貫きたいという勢いで抗議をしてくるのです。会社の経営者と利害関係があるわけでもないのにね。通行人にとってうるさいことは分かりますから、申し訳ないと謝りつつも、「それであなたに何の得がありますか、まずはこのチラシを読んで判断してくれませんか」といった話をしたりしますが、「読んだら負け」といった様子で、見ようともしません。そうした自分の正義だけを強く要求する人たちは、内に閉じこもって、切羽詰まった感じがします。

浜　切羽詰まると我を失う。他者への共感性を失う。今、清水さんが使われた「正義」というのも、実に重要なキーワードだと思います。旧約聖書の中に「詩篇」というセクションがあります。そこに、神を讃える数多くの詩が収録されています。その一つに「正義と平和は抱き合う」というフレーズが出てきます。「いつくしみとまことは巡り合い、正義と平和は抱き合う」と謳われています。正義と平和が抱き合うというのは素晴らしいですよね。実に美しいイメージです。

ですけど、考えてみるとこれはすごく難しいことですよね。まさに、同じペリフ化の犠牲になっている人々同士なのに、あっち側のペリフ化した人々の正義とこっち側のペリフ化した人々の正義は抱き合えない。それどころか、いがみ合ってしまう。すると、そこに平和は成り立たない。こっちとあっちのまことが対峙する時、彼らはいつくしみに巡り合えない。いつくしみとまことはすれ違うばかりになってしまう。今、壮絶な状況の最中にあるイスラエルとパレスチナとの間で、まさにいつくしみとまことはすれ違い、正義と平和はいがみ合ってしまっている。どうすれば、お互いにお互いの正義に対して共感性を持ち合えるか。それが必要であり、それが無ければ平和は有り得ないということを、どうすれば彼らに納得してもらえるか。それを考えることが求められている。縁辺労働者たちの間にも、これと同じ問題があるのだと思います。

相手の正義と自分の正義は違うけれど、相手の正義も理解しようとしてみよう。この考え方が縁辺労働者たちの中に芽生えるかどうか。これがきわめて大事な課題ではないかという気がします。彼らは仲間割れしている場合ではない。経営の正義と労働の正義が一致しない、抱き合えないというのはそれなりに分かりますけど、虐げられし者たち同士の間で、正義と平和が抱き合えないということになると実に怖い。その辺は、お二人の日常の中で何か手掛かりになることはありますか?

3、怒りが巨悪に向かわないのはなぜか

雨宮　弱いものがさらに弱いものを叩くようなことがずっと続いています。それに関して、清水さんは労働組合として着実に一つひとつの事案の解決を目指して実績を積み上げておられます。私の場合は、困窮した方を生活保護につなげるなど、やはり一つひとつ問題を解決していく努力をしています。しかし、全体の労働・生活の過酷な状況が長く続けば続くほど、より分断が進み、抱き合うより叩き合う傾向がさらに深刻になっている印象ですね。その中で、「ちょっと得して

いそうな人」へのヘイトが強まっていると感じます。たとえば2000年代の公務員バッシングから始まり、2012年の生活保護バッシング。またその後は障害者へのヘイト、子連れヘイト、ベビーカーヘイト、最近だと高齢者へイトなど、ヘイトの対象が広がっています。何か公的なケアの対象になり得る人全員が憎いみたいな、少しでも自分より得していると見える人への異様なほどの憎しみが、この10年で異常に強まった感じです。

浜 なるほどね。お話をうかがっていて、「翔んで埼玉」を思い出しちゃいました。埼玉県人は自分たちより東京からもっと遠い茨城県人ひどくを馬鹿にする。馬鹿にされている同士で団結すればいいものを、まだ埼玉のほうがマシだというので、茨城を徹底的に見下す。物の見事に分断の力学の餌食になっている。

雨宮 正義感のようなものもあるのかもしれません。特に生活保護バッシングなんかを「世直し」と思っていそうな人もいる。生活保護利用者の中からはバッシングによる自殺者まで出ているのに、バッシングするほうは「自分は正しいこと、社会にとっていいことをしている」という満足感さえ得ている。

清水 そうなんです。欺瞞的に見えるものに対して、自分はそのごまかしを許さず、正直にというか、正義を貫いているのだというような、変な自意識があるんです。

浜　ということは、寝そべったり、だめ連をやってるような人たちは、彼らの正義感から見ると偽善者だって感じなんですかね？

雨宮　だめに開き直ってる人にはそれほど干渉してこない感じですが、例えば最近は、「バスの優先席に病人でもない人が座っていた」とその姿を盗撮してツイッターでアップしたり、子どもが電車の座席で遊んでいるのに親がなぜ注意しないんだということでやはり盗撮してSNSにアップしたりするのを目にします。ちょっと規範からはみ出したり、ほんの少しルールやマナーに違反した人への監視の目が異常に厳しくなっている。5年前、10年前にはこんなことはなかったと思います。SNSの普及ということもあるかもしれませんが、ルールを守っている自分は正しいんだ、そこからはみ出すやつは許せないんだという、人への寛容さがゼロみたいな状況になっています。

浜　ルールを守っているものが正義だという発想にしがみついていると、ペリフ化からは脱却できないでしょう。ルールがおかしいんじゃないかと指摘することが、体制変革には必須ですから。それでも、ルールを守っているということにひたすらしがみついているという感じなんでしょうか？

雨宮　ルールを守っていないと目される一般市民には厳しいけれど、ルール違反をしている政治には何にもお咎めなしで、矛先は巨悪には一切向かわないわけですよね。安倍政権のもとでどれだけパーティー券による裏金づくりが行われても、その日の暮らしに事欠くような人が激怒しているかというと、必ずしもそうではないですよね。小泉政権によって不安定雇用が広がり、生活が破壊されても当事者は怒りの声を上げない、竹中平蔵氏が非正規雇用を増やし、自身は派遣会社のパソナでボロ儲けしても当事者は怒らないから今も居座り続けている。なぜ怒りが巨悪には向かずに、ちょっとしたルール違反をした一般市民に向かうんでしょうね。

浜　それは巨悪を行っている者たちにとっては思うツボですね。大衆運動が高まらないのは、その辺にポイントがありそうですね。でもどうなのかな。巨悪に対してかつては日本の老いも若きも結構立ち上がっていましたよね。そのエネルギーを彼ら彼女らからそいでしまったのは何なんですかね。

ちょっと話が飛躍しますけど、私なんかが学生だった時代には、社会保障が今後どうなるかとか、自分たちは年金をもらえないんじゃないかといったことに、学生たちの関心はほとんど向きませんでした。成長経済時代だったからといえばそうですけど、１９７０年代の安保闘争が盛り上がった当時、自分の生活に密着するようなところで恐れや疑問を感じたりするような感性というより、まさに「巨悪を許すまじ」という感じでした。それが今や逆転してしまい、もっぱら自分の生活が成り立つかどうかというところに関心がいってしまっています。それだけ、今の若者たちはやっぱり切羽詰まらされているのでしょう。だから、巨悪バッシングなどやっているゆとりがない。それどころじゃない、という心理状態に追い込まれている。

ひょっとすると、巨悪バッシングなどは恵まれし者たちの贅沢病だと思ってしまっているかもしれない。そこまで追い詰められペリフ化された人々をどう救出するか。ペリフ化からの解放区をどうつくって行くか。何とか答えをつかみ取っていかないと、若者たちはますます体制変革どころか、体制の「庇護」にしがみつく行動に走るようになってしまいそうです。かつては、制度に逆らうことが若者の心意気で矜持《きょうじ》だった。ところが、今の若者たちは制度に逆らうことに恐怖を感じるようになってしまっている。そのように見えます。

雨宮　今、若い世代で堂々とルールを破っている人って、一部の迷惑系ユーチューバーだけじゃないですか？　それも、金儲けのためという、目的がはっきりしてる人たちです。

4、プレカリアートユニオンの取り組みから

浜 そうなんですよね。そういう我欲的自己目的がはっきりしている人々を別とすれば、世の中のルールに思い切って逆らえない。それらのルールがステルスな形で自分たちを追い詰めているということが解からない。あるいは、その事実と向き合う勇気を持てない。それでも不安は募るから、「自分たちのほうがまだまし」という思い、あるいは「あいつらがいるから、我々が足を引っ張られる」という感覚に任せて弱者が弱者をバッシングする。弱者同士のイジメ合いという、この一番怖い分断の力学をどうすれば抑え込むことが出来るでしょうか。

雨宮 プレカリアートユニオンの内部では連帯はあるわけですよね？ その折々でいい話が生まれてくるような。厳しい状況におかれて冷笑系だったかもしれない人が、本当に傷ついた時に組合に相談し、尊厳や信頼を取り戻してくような話は、おそらく一杯あるんじゃないでしょうか。

清水 それはもちろんあります。プレカリアートユニオンには介護事業所の支部がいくつかあるのですが、施設長が簡単に人をクビにしたり給料を勝手に下げたりして、職員が1年で何十人も入れ替わる職場で支部を結成し、施設長を交代させました。利用者への虐待の証拠を突きつけて、

対策もとらせました。

介護事業所では、人手不足であったり介護労働者の尊厳が守られずに安く買いたたかれたりすると、しわ寄せが立場の弱い高齢者にいってしまいます。「スピーチロック」とも言われますが、暴言を吐いて萎縮させて言うことをきかせるとか、身体を拘束するとか、本来必要ではない薬を飲ませておとなしくさせるといったことが生じます。

貧困ビジネスと繋がっているような施設だと、公園で野宿している人に声をかけて入居させ、生活保護を申請させて、生活保護費と同額の料金を設定して、保護費を全て詐取してしまうところもあります。生活保護を利用している入居者の部屋のエアコンを切ったり、水虫がひどくなって足の指が腐ったような状態を放置するといった、虐待も起きていました。

施設内の利用者に対する虐待を何とかしたいという相談から始まって、介護事業所の組織化をし、人員を補充させて虐待を一掃するとともに、給料を3万円以上引き上げさせたケースもあります。旨味がなくなったと言って、経営者が施設を売り払ってしまい、売られた先は、正社員にはボーナスを払うがパートには1円も支給しないことに固執している大手。パートの介護労働者にまずは3000円でもいいから賞与を払えと要求し、1円も払わないと言って団交を拒否する経営側と、3年間ほど街宣もしたりして闘った結果、和解を勝ち取りました。過去の未払い賃金をまとめて支払わせ、今年の冬は、パートにも2000円の賞与が払われました。

これまでの取り組みのなかで、虐待がなくなったのは、年次有給休暇を取れるような人員配置が行われるようになったこと、介護の研修に行かせてもらえるようになったことの影響が大きいです。助け合いつつ、割を食っている人を助け、自分が誇りを持って働けるような職場にする、という取り組みです。その介護事業所では、ほぼ全員がプレカリアートユニオンに加入しています。

雨宮 すごい！　なかなかないくらいいい話！

清水 ちなみに、その支部は、未払い賃金請求と合わせてパートに賞与を払わないのは労働契約法違反で差別だとして賞与の支払いも求めて、正社員とパート、23人で裁判をしていました。一審の判決でパートの賞与についての主張は残念ながら認められませんでした。その後、高裁で和解したのですが、単なる個人の権利でいえば、解決金のパートの組合員の取り分はゼロになってしまう。それを、分配は組合に任されたので、支部の中で話し合って請求額に応じて比例配分しようということになったのです。つまり、裁判ではパートの賞与は認められませんでしたが、支部として闘って和解したわけですから、パートを含むみんなで分配しようということにしたのです。

この支部は同じ会社の事業所Aの組合員で、事業所Bは元々組合員でしたが会社とユニオンショップ協定を結んだ御用組合的な組合に移りました。裁判を闘っている3年の間に、向こうの組合に入った人たちは全員が入れ替わりました。これに対して、うちの組合で裁判を闘ったA事業所の人たちは、切り崩されかけたのですが、辞めずに残っています。介護で離職率が低い職場は珍しいです。

組合員自身がやる気になれば、こうしたこともできるのですが、そのやり方が案外知られていません。労働組合といえば、会社とユニオンショップ協定を結んだほうの組合のイメージが強いと思います。職場に最初から労働組合というものがあり、そこに自動的に入って、賃上げとか春闘の交渉はするけど、それ以外は特に関わりを持たない。保険のようなもので、いつの間にか組合費だけが天引きされている、というのが実態です。しかし、やろうと思えば個人加盟のユニオンの支部も作れるし、職場で多数派組合にもなれるし、その現場、現場にあった必要なことを工夫してできるのです。なぜそれがもっと知られていないのか。それを知らない人たちが断片だけとって抗議行動がうるさいなど、反発をしたりもするのですが、組合員の立場に立って闘う労働組合もあるということを、もっと知ってほしいと思います。

浜　今のお話は、雨宮さんが紹介されていたアンケートへの回答の中にもあった訴えとも関連しますね。支援してくれる組織はあるんだろうと思うけども、どこにそういうのがあるか分からない、情報もどこで得られるのか分からない、という訴えがありましたよね。こういうところをどう突破して行くか、支援体制へのアクセスルートをどうつけて行くかがポイントですね。関連で、去年の10月に協同組合法が施行されたことを思い出しました。

清水　労働者協同組合法ですね。

浜　そうです。それは、今おっしゃったような形で、いわゆる既存の労働組合とは違う新たな道をつけることに役に立つのかどうか、という辺はどうですか？

清水　労働者協同組合で働いている人自身が出資もし、働き、運営も自分たちがやるという方向性は大切です。労働者としての労働組合法上の権利の行使を妨げないようにできればなおいいと思います。

浜　まだ発足して間もないし、制度化されたということで体制側の都合のよいものになってしまう心配もありますね。本当に協同組合理念がそこでどこまで生きるのかなと思ったりしますけど、追求するに値する課題ではあるのではないかとは思いますね。

5、ペリフ化をもたらした政府、財界の本音

雨宮　ここまでで、ペリフ化する労働状況のテーマはひと通り出ましたね。政府、財界の対応の問題点についてはあまり触れられていませんが、そこはいかがでしょうか？

浜　働くものにとって、政府、財界の政策は大きな問題ですものね。安倍政権が発足した直後に、アホノミクスの大将が「日本を世界で一番企業が活躍しやすい国にする」と言いましたね。この発言が、既に存在していたペリフ化問題を深化させ、悪化させていくものすごく大きなプッシュになったという気がします。

雨宮　企業が活躍しやすい国にするというのは、突き詰めて言えば金儲けに役立たない奴、稼げない奴の居場所はないよ、というメッセージですよね。人間的なものが入り込む余地がないような……。

浜　その通り！　チーム・アホノミクスが打ち出した「働き方改革」路線は、まさに「企業大活躍社会」宣言と表裏一体の関係にあります。生産性向上とか一億総活躍社会などというスローガ

ンを振りかざして労働者を追い込んでゆく。日本企業が世界で一番活躍し易くなるための労働者の「働かせ方改革」。それがチーム・アホノミクスによる「働き方改革」の薦めの正体です。一億総フリーランス化、ペリフ化、プレカリアート化に向かって働く人々を追いやっていくための体制づくり。それが、彼らの「働き方改革」の狙いでした。

雨宮　インボイスも始まって、地獄度がさらに高まるでしょうね。一つ素朴な疑問なんですが、「異次元の少子化対策」とか言われているじゃないですか。一番の少子化対策は雇用を安定させることだということは誰もが分かっているはずですが、なぜ政府はかたくなにそこに手をつけないのでしょうか。浜さんにぜひお聞きしたくて……。

浜　雇用安定化のモチーフは、日本を世界で企業が一番活躍しやすい国にするという政策とは決定的に矛盾するんですね。働く者の使い捨てと切り捨てを容易にすることで、企業が活躍しやすい環境を整えようということですから、そこには、雇用安定につながる要素はありません。安定雇用という変数抜きで少子化対策の方程式に解を出そうとしている。だから、補助金とか施設拡充という方向にばかりいってしまう。少子化という問題には対応せざるを得ない。対応していないと思われるわけにはいかない。政治家たちが大好きな経済成長を確保するためには、人口減は避けなければいけない。だから、少子化対策を打ち出す。だが、労働者は支援したくない。このご都合主義がわけの分からない政策メニューを生み出してしまう。我々が欲しいのはそれじゃないんだよ、という人々の思いはとりあえず完全に無視されるわけです。

雨宮　結局、それでみんな貧しくなって、子どもが産めなくて、モノも買わないから消費も停滞し、どんどん衰退国家になっていく。それでは政府にとっても全く得がないと思うんですが……。

さきほど「NO LIMIT」を7年ぶりに日本でやったというお話をしましたが、アジアの人たちと10日ほど一緒に過ごして、この7年間の日本の没落ぶりがよく分かりました。7年前に比べて、韓国や中国、台湾の人たちはずっと豊かになっています。7年前は日本人のほうが金持ちっぽい感じだったのに、韓国は平均賃金が日本を抜きましたね。日本はいま物価高騰でみんなヒーヒー言ってるのに、アジアから来た人たちは、貧乏なアーティストや活動家が多いにもかかわらず、円安もあって日本はなんでも安いと大喜びしているんですよ。着ているものもブランド物だったり、髪色も派手ですごくお金をかけているのがわかる。家賃の話になったりすると圧倒的に日本人より高いところに住んでいる。みんな20代30代で若くてキラキラしていて、それを迎える日本人の私たちは40代50代と高齢化してすすけた感じなのと対象的でした（笑）。貧乏系の活動をしている人たちでさえ豊かになっているアジアと、一回栄華を極めたけどそこから転落した日本という、その落差がすごくて、日本は本当に貧しくなったんだなと思いました。

浜　そういうことが、今の政策責任者たちやビッグビジネスには分かってないと思います。弱者を追い詰めることは国が没落することだ、ということに気がついてないんですよ。

清水　本当に気づいていないのでしょうか。為政者もそこまでバカではないという気もしますが。国力の低下には気づいているのではないでしょうか。政治家も一代限りでやり過ごせばいいということから、切り捨てる対象はそれでいいということにして、富んだ層とか支配層に依拠していればいいという感じで、ドライに割り切っているのでしょうか。

浜　私は本当に気づいてないんだと思います。似た者同士ばかりが、自民党というまともな世の中から隔絶された狭いドームの中で話し合っている。その中では、弱い者いじめが自分たちのジリ貧化、日本経済のジリ貧化をもたらすという発想は決して出てこない。弱者は我々の足を引っ張るばかりだからどんどん切り捨て、働き方改革を通じて有能な労働者を安上がりに使う方向にどんどん進もう。どうしても、こういうコンセンサスになってしまう。そういう政治を進めて行くから、この国は惨めったらしくなってくる。すると、これではいかんというので、威信回復のために大軍拡というところに行くのです。もちろん誰を優遇するかということについては、割り切りのシナリオがあると思いますよ。でも、そういうことをやっていると、本当に日本はダメになってしまう、あるいはダメになってしまわないかな、ということを言う人たちがいない中で議論をしているのが真相だと思うんですよ。
自己責任だ、自助努力だと彼らは言いますが、それは自己責任を取れる、自助力がある者たちを優遇していけばいいのだという発想に凝り固まってしまっている証拠です。だから、「自助、共助、公助」という序列にもなってしまうわけです。「公助」というのは本来、弱者のためにあるのですが、自助能力がある人しか公助の対象とするに値しないみたいな、全く倒錯した論理になってしまっています。本当に恐ろしいメンタリティーに陥っているとしか言いようがありません。自民党ドームの中から政治家を引っ張り出さないと変わらないと思いますね。でも、引っ張り出すと外の空気に慣れてないからみんな爆発しちゃうでしょうけど。それはそれでいいですよね（笑）。

雨宮　私と清水さんは同じ世代で、17年前の2006年ごろにこういう問題に関わり出しましたが、その頃は日本に生まれた人は、それだけで言葉が通じあう感じがしました。が、今は同じ日本語で話していても通じていないという気がします。違う階層の人と出会う機会が少なくなり、育ってきた過程も違うので、共通言語も共通体験もなく共感しようがないという感じです。上に立つ人は——政治家もそうですが——赤坂とかあの周辺で同じ階層の人としか会っていないから、年収100万、200万の人と会う機会もほとんどないわけですよね。あったとしてもお店の店員さんとかのレベル。そういう生活をしてると、本当に悪気なく、ペリフ化した人の実情が分からないのではないでしょうか。政治家はそれを知る努力をすべきだと思うのですが、格差社会が極まるということは、同じ言語を話していても言葉が通じなくなることだと思います。

浜　似た者同士しかいないという空間はほんとに怖いですよね。その空間の中では、どんどん手前勝手な認識だけが深まっていく。あの人たちは、縁辺という言葉の意味も、縁辺労働者の連帯という言葉の意味も知らない、という状態になってしまっているに違いないという気がします。

6、最近の労働組合のあり方を巡って

雨宮　ペリフ化した人たちとは日々接していますが、当事者は怒るよりも自分を責めていますよね。怒ってる人って100人に1人ぐらいで、年に一人会えるかどうか。ほとんどの人は「どうせ自分のせいですから」「自分が悪いんです」と自分を責めている。「こんなんだったら、爆薬抱えて国会議事堂に突っ込んでやる」みたいな人に会うのは本当に稀です。今年も一人くらいしかいなかった。メールでの相談もありますが、「すいません」「自分が悪いんです」とまず謝りの言葉がある。「生きていて申し訳ない」「自分のような人間は自殺したほうがいいんだ」「家族も殺して自分も死ぬしかない」と書いてくる人もいます。とにかく弱り切っていて、社会への怒りなどはない。

浜　プレカリアートユニオンの方たちもそうですか？

清水　プレカリアートユニオンに相談に来る人は、何かおかしいとか、何とかしたいとか、やり返したいという人が多いです。私たちは、それなりにこんなふうに抗議行動をしていますとか、闘っていますという様子を分かりやすく見てもらおうと努力しているので、そうした組合だと分かって相談にきますから。弱り過ぎていて闘う気力がないという人は、最初の段階で足切りされるような状態になっているのかもしれないですね。

でも、人の紹介で、「とにかくあそこに行ってみたら」と言われてきた方の中には、弱り果てていて、交渉まで行き着かないという人はもちろんいます。明確な意思を持っているわけではなく、怒る前にどうしていいか分からなくて混乱しているとか、ただ意味が分からなくて傷ついている方もおられます。そういう方は、ていねいにお話を聞いて、できることと必要なことをよくお話をしていると、「そういうことができるんですか」といった心境に変わっていくこともあります。それでもなお、トラウマが大きすぎ、あまりにも傷つきすぎていると、交渉にまで行き着けない方もいます。

そこは、私たちも精神科の専門家ではないので、いろんな経験からサポートしながら、できる範囲で対応するしかありません。その人の傷ついている原因になっている職場での出来事を整理して、必要なこととできることを明らかにし、一緒に闘う仲間がいるということを知ってもらうことです。そして、団体交渉とかで相手と面と向かってやり合う場を経験することによって、そこに仲間が参画していることを実感してもらいます。悩んでいた原因を取りのぞき、しっかりお金を払わせるという体験を通して、その人はその経験を可能な範囲で周りに言うことができるようになります。私たちがやっているのはほぼゲリラ戦みたいな状態なので、全体から言えば誤差の範囲にしかならないことだとは思いますが、これが数としてもっと多くなっていけばいいと思います。

浜　そうですね。現実的にどう対応すればいいのかが分からないからアドバイスを求める人たちと、ただ自分が悪いと思ってしまっている人たちとの間にも、微妙な分断が発生する危険性がありそうですね。そこは要注意だと思います。それはそれとして、アドバイスを求めているというよりは受け止めてもらうこと自体を求めている人たちもいれば、闘うためのアドバイスが欲しいという人々がいる。支援する側も、この両者を的確に識別して、求められている通りに対応することが重要ですね。

今のお話を伺っていると、アドバイスどころじゃないという人たちは、ともかく抱き止めてもらいたいということだし、抱き止めてもらうことに伴う安心感ができれば、次は実際の行動をどうすれば良いかを考える段階に進んでいけそうですね。そういう感じで、よろず承り駆け込み寺みたいなものはありえそうな気がします。お二人が一緒になれば、すぐそれができそうな気がしますけど、どうなんでしょう。

雨宮　そうできたらいいですね。ちなみに日本の労働組合の組織率はこの30年とかで上がっていますか？

清水　下がっています。2000年代後半に、非正規労働者は数パーセント上がりましたが、今はもう止まっています。

雨宮　今、非正規の組織率は何パーセントですか？

清水　非正規だけだと、2021年から22年は、パートタイム労働者は13・6％から14・1％に0・5％上昇しました。会社と話を付けてユニオンショップ協定を結んで、パートも全員加入させて、すごく安い組合費を自動的に給料から引かれるという加入の仕方が多いようです。共済費のつもりで引かれていて、特に要求が吸い上げられるとかではなく、提携しているところで使えるお得なクーポン券が配られる。プレカリアートユニオンが組織化した介護事業所に、UAゼンセンの組合の人がなぜか仕事中にやってきて、「うちに入ったらこのクオカードをあげます」と言うのです。それで、「入ったら何をやるんですか、団交とかをやるんですか」と聞くと、「うちは団交はやりませんと言われた、団交はしないのに組合に入れと言われています」とその組合員が話していました。

浜　今の連合の会長は芳野友子さんですね。

清水　芳野友子さんです。中小企業を組織化しているJUKI労働組合の出身で、JAMの副委員長を兼ねています。

浜　あの人も、どうも組合人らしからざる人ですね。2022年夏の参院選をめぐり、自民党の幹部と会食したことが報道されていました。朝日新聞のインタビューに応えて、自民党を支持しているわけではないと言っていますが、果たしてどうか。(2023年12月18日付け朝日新聞)

雨宮　ただ、これだけ働き方が破壊される中、組合的なものが復権してきているのを感じることは時々あります。最近も、私の友人——フリーランスで出版社で働いているのですが——が、「会社の組合の女性から、今の労働状況はおかしいので何とかしようと思っているからと、聞き取りをされました。若い人や女性の間で労働組合に対する期待が高まっているのでは」と、その友人は話していました。働かされ方がおかしいという問題意識が、一部であれ広まっているとは思いませんか？

清水　あくまでも自分の周辺はそうですが、全体の傾向まではちょっと分かりません……。

浜　でも、そういう兆しが見えてきているということは大切にしないといけないですよね。そういう問題意識をうまく拾い上げながら運動化していくということがないと、孤立と分断大作戦を突破することはできないのではないかと思います。ポイントは、運動化に向かってどういうことができ、どこに突破口があるのかということですね。私が自分の執筆部分でお二人を「善きサマリヤ人だ」と書きました。善きサマリア人がいると、その周りに様々な担い手が集まってくる。自分に主役は無理だし、主役を演じる勇気もない。でも、何とかお役に立ちたい。そういう人たちが善きサマリア人の下に馳せ参じるのです。馳せ参じたい思いを抱いている皆さんに対して、本書も呼びかけるパワーを発揮できればいいですね。「善きソマリア人の会」を作りましょうか。

7、労働者側の抵抗の予兆が始まった

雨宮　私は１９歳から２４歳までフリーターでしたが、相談先として労働組合があるということ

を全く知りませんでした。学校でも、働くにあたっても、それを教えられたこともありません。親世代だと労働組合に相談すればいいという発想があるらしくて、それにびっくりしたくらいです。これだけ非正規が増えてひどい労働条件や過労がはびこる中で、私たち40代から下の年代は、組合に相談すればいいということを全く知らないで来たのはなぜでしょう。いつからそんなに組合が毛嫌いされるようになったのでしょうか。そのきっかけには何があったのでしょうか？

浜　1970年代までは組合の力はとても大きかったんですよね。自動車総連とか、電機労連とか、国労などが意気軒高でした。ストもデモもしょっちゅうありました。労働組合の大幹部たちが肩で風を切って闊歩《かっぽ》していた時代です。そういう状態が大きく変わったのは、1980年代に入ってからのことですね。

やはりプラザ合意あたりが大きな転換期でしたかね。プラザ合意で日本は円高の本格進行に当面した。円高不況の到来に関する恐怖心がどんどん広がっていきました。その中で、労働運動も大いなる混迷に見舞われ、怯《ひる》みもした。ここは、経営と対峙している局面ではないという発想が前面に出てしまった。何はともあれ、雇用確保が最優先事項で、そのためなら、経営との妥協も止むを得ない。そういう姿勢が定着してしまい、交渉力が大きく低下し、労働者のために声を上げることが出来なくなった。そんな状況でした。それまでの組合幹部たちは、完全雇用体制がゆらぐことは有り得ないという確信の下に強いバーゲニングパワー（交渉力）を発揮していた。その間は、経営側が操業維持を人質に取られていた。ところが、今度は労働側が雇用維持を人質に取られる関係になった。攻守ところを変える状態になってしまったのです。

戦後間もない頃は、人権運動としての労働運動に大きな力がありました。その時代の心意気というか、魂がだんだん希薄化して来ていたところにもってきて、雇用機会喪失の脅威に本格的にさらされた。ここで組合運動は完全に勢いを削がれたといえるでしょう。何しろ、１９７０年代までの日本においては、失業率が２％台になることさえ怖いという完全雇用が大前提の時代がずっと続いていたのですから、雇用が脅かされるということに対する恐怖心は実に大変なものだったのです。かくして、雇用を人質に取られては何も言えないという心理に陥ったわけです。

雨宮　私が２０代で何冊目かの本を出した時に――その頃はまだ貧困問題には関わっていなかったんですが――本の巻末に困った時の相談先一覧を載せようという話になりました。いろんな団体の連絡先を入れる中で、よく分からないまま仕事の相談先として労働組合も入れたほうがいいんじゃないかと言ったら、同世代の編集者に「いや、労働組合はなんか怪しいイメージがあるのでやめたほうがいいと思います」と言われました。私も労働組合に対する知識がありませんでしたから、そうなのかと引き下がったことを覚えていますが、当時はなんか宗教みたいな、うさんくさいイメージしか持ってませんでしたね。

清水　なぜ労働組合が宗教にみえたんでしょうか？

雨宮　集団で何かをしてるっぽいのがカルトっぽくて、勧誘されたり面倒くさいことに巻き込まれるみたいな、そういうイメージです。今思えば、組合はフリーター時代の自分にこそ必要なものだったのに。同時に、結局は正社員のものだから、フリーターの私なんか相手にしてくれないというイメージもありました。

浜　なるほどね。やっぱりそれは２０００年代ですか。

雨宮　フリーターだったのは９０年代後半です。

浜　日本企業が焦り始めて、ともかくグローバル競争に勝つためには労働コスト削減だとなっていく中で、組合も追い詰められて大きな顔はできないし、組合がしゃしゃり出ている場合ではないというような雰囲気作りもすごくあった時代だったと思います。でも、本当はあの時こそ組合が頑張らなければいけなかったんですよね。

雨宮　振り返ると、バブル崩壊後に一番頑張るべきなのは労働組合だったのでは、と思います。

あの頃、どんどんメディアにも出てきてアピールしてくれれば、自殺者3万人といった事態も防げた可能性もあるじゃないですか。何の力が関わって組合がスルーされてきたのでしょうか？

浜　「組合くずし」の圧力が外からかかったということもあったとは思いますが、今までのやり方では存在感を保つことができないと、組合員も組合活動もビビったんだと思うんですよね。力が確立されていた頃のことしか知らず、何もないところから労働者の権利を勝ち取るという闘いをした人たちのレガシーも残っておらず、ゆでガエルじゃないけれど、労働組合が形骸化してきた状況の下で突然厳しい環境に追い込まれたために、闘争態勢が整っていなかったのではないでしょうか。

２０００年代に入った頃に、皆さん記憶がおありでしょうか、『蟹工船』（小林多喜二）という本の復刻版がベストセラーになりましたよね。それだけ労働者が追い詰められていたのですから、そこで組合が救出に出動すべきところでした。労働運動というものの人権運動としての本質を理解していれば、『蟹工船』の世界が自分たちの世界だと感じている労働者たちが、サラリーマンであれフリーランサーであれ、彼らのために労働組合が立ち上がるべきだ、という思いに駆られたはずです。企業内組合が経営に向かってろくにものが言えない存在と化してしまい、経営幹部に対して組合幹部が迎合的になった。そうした展開の中で、既存の労働運動は『蟹工船』を買う人たちに差し伸べる手を失ってしまった。そういうことなのではないでしょうか。

清水　『蟹工船』がブームになった時には本が売れたんですが、蟹工船状態と言われる人がどれだけ読んだかは別だという気もします。元々そういう思想を持っていた人が、ノスタルジーでもう一回読んだかもしれませんね。しかし今は、本は売れずに、みんなYouTubeやインスタをスマホで見ています。

浜　確かにYouTubeが一世を風靡する時代になってしまいましたね。『蟹工船』がベストセラーになった時は、そんな境遇に自分が置かれるとは思ってもみなかった人たちが、「今の状況はひょっとしてこれなんじゃないか」という脅威の念にかられてあの本に引き寄せられた。ところが、今や『蟹工船』がペリフ化という形で現実になってしまいつつある。この状況にどう切り込み、どう打破していくか。そのための運動の形はまだはっきりとは見えていませんね。ただ、深刻な事態が人々の目に触れる機会が多くなってくる中で、声を上げる人や寝そべる人たちが出てきている。これは運動の広がりの予兆ではありますよね。予兆をどう現実につなげていくか。それを考えていかないといけない。どうすれば、分断と孤立を団結と絆に変容させていくことが出来るのか。

雨宮　労働組合が要所要所で頑張ってくれていたら、今の光景も違っていたと思いますね、改めて……。

でも今年の9月、そごう・西武の売却をめぐって、雇用などの面から早期の売却に反発した労働組合が、大手デパートでは61年ぶりとなるストライキを行いましたね。これには感動しました。たった1日のストライキでしたが、デモにはライバル店である伊勢丹や高島屋の組合員も参加していて胸が熱くなりました。彼らはインタビューに答えて「仲間が困っていたら助けに行くのは当然だ」と言っていて、こんなに素敵なセリフを何年ぶりに聞いただろうかとの思いで、久々にまともな大人を見たという感じがしました。

ただ、あれも1日で終わったから支持されたんで、長く続いたり、執行委員のキャラがちょっと攻撃的だったりしたらバッシングされた可能性もありますね。それでもストライキがメディアに取り上げられて話題になり、「組合って結構使えるじゃん」みたいな受け止めになったのはよかったと思いました。

浜　よく頑張りました。アメリカでも全米自動車労働組合（UAW）が久々に歴史的なストライキを行いました。46日間にわたるストライキを経て、アメリカの3大自動車メーカー（ビッグ3）と暫定合意に達し、UAW史上初の3社すべてに対するストライキが終結しました。経営側に追い詰められてきたことに対して、労働側の逆襲が少しは始まっていると言えるんじゃないでしょうか。

8、働くことの喜びを語り合う場を各地で

清水　さっき（155ページで）雨宮さんが言われた頃はたぶん、今のプレカリアートユニオンの前に活動していた、非正規雇用が中心のフリーター全般労組が活動を始めた時期だったと思います。それができたのはその時代の必要性からだったとは思うんですが、やはり点になってしまったんですね。私たちは、自分たちの身の回りに起きていることを分かりやすく可視化して訴えるなど、労使関係の当事者間の問題の解決の過程で気づいたことをなるべく社会問題化しようと、前の世代よりは頑張ってやっていると思うんですが、どうしても点で終わってしまうのは否めません。目の前の困った側の問題の解決に追われるだけでなく、それをもっと広げていきたいというので、プレカリアートユニオンを2012年に結成して活動していますが、実際は点だけでも必死です。

浜　個別的な対応で精一杯なのでしょうね。でも点は重要ですよ。点がより多くなればなるほど線になり面になるということですから。

清水　浜さんが尊厳のある労働のための十戒的なまとめを書いてくださっていましたが、実際に

関わっている運動の中で、それが実現できているかが問われる場面もあります。プレカリアートユニオンは350人ぐらいの組合で、専従は3人と、他の同程度の規模の組合と比べれば大きいほうだとは思います。それでも活動のボリュームが多すぎて精一杯です。そこでは私は、使用者の立場になるので、組合員のために活動している専従者の待遇とか働き方にも目配りをしなければなりません。発達障害を持っている人にはどんな働き方が可能なのかを模索する必要も生じています。それらを調整しようとすると、働きすぎによる過労で他の2人が倒れそうになるといったことも出てきます。社会保険料の事業主負担分がすごく高いという問題もあります。

浜　使用者の立場としてのご苦労もおありなんですね。

雨宮　浜さんは原稿の最後のほうで、人間労働というのは、もちろん生活するための糧なのですが、本来は喜びを伴い、困難を乗り越えることによって成長したり、人とも繋がることができるという要素を含んでいるんだと述べておられますね。こういうことを折に触れて話していくことも大事でしょうね。

浜　そうですね。縁辺化されている人々や、縁辺まで行ってないけどやりがい詐欺に引っかかりそうになっている人たちのために、改めて自分たちはなぜ働くのか、働くことに喜びを感ずるのはどういう時なのかということを、とことん議論する場を設けるということは一つあり得るだろうなと思うんです。自分たちが当面している困難を徹底的に洗い出し、それを「十戒」と対応させてみると、そこから何が出てくるのか。働く市民の議論大会みたいなものを、「だめ連」などの皆さんにも協力をしていただいて、あちこちの地域でやってみると、あっちではこういう方向性が出たとか、こっちではこういうアイディアが出たとかいうことになって、メディアの関心も集まりますよね、きっと。そのうえで全国大会のようなことに繋がったら、「何のために働くの甲子園」みたいな感じになって、人々の関心を呼ぶのではないでしょうか。

それが大いなる市民運動になれば、経営側も無視するわけにはいかなくなりますよね。この市民運動から叩きつけられたことに対して、21世紀の資本や経営はどう応えるのかと迫り、経団連などが回答を用意せざるを得ないところまで持っていければ面白いですね。そういうふうに迫れば、「自分には聞く力があるんです」なんて言いながら、あっちへフラフラこっちへフラフラに終始しているかの岸田餅侍男も無視するわけにいかなくなるでしょう。そういうやり方で、デモやストをするのと同じような力学を生み出すことができたらいいですよね。

雨宮　この12月14日に、反貧困ネットワークなど幾つかの団体で、厚生労働省を始めいろんな省庁と4時間に亘って交渉することになっています。コロナ禍での困窮者対応など今までにも4回交渉し、いろんな問題を突きつけてきましたが、その一つに無料低額宿泊所についての要求があります。住まいを失った人が生活保護を申請すると、たこ部屋みたいな劣悪な施設に入れられた上、生活保護費をピンハネされるので失踪者が後をたたないという問題があります。なので、無料低額宿泊所ではなく別の宿泊場所を用意すべきだという要求です。これは貧困ビジネスの問題ですが、こういった個別事案に対応するのに精一杯という感じで、なかなか根幹に迫れないという歯がゆさもあります。そもそも労働環境が破壊されたことによってホームレス化する人が増え、このような貧困ビジネスがはびこるようになったわけです。今はそんな無料低額宿泊所に若い人も多く入れられています。昔であれば、そこに若い年齢層の人が入るということはほぼなかったわけです。

清水　今は幅広い年齢層に広がっています。

雨宮　そういう副次的に発生した問題への対応で一杯いっぱいで、根幹をどうやったら正せるか、もう複雑に入り組みすぎて、どこから手を付ければいいのか分からない状態ですね。「ペリフ化を食い止めて安定雇用を」というシンプルなスローガンですら、鼻で笑われそうな状態です。

清水　本来、国力の低下を食い止めようと言うのであれば、当たり前に必要な対応になるはずだと思います。国力を安定させるためには、雇用を破壊した状態で本当にいいのか、まずは雇用を安定化させて生活を底上げすることが必要ではないのかという要求は、保守的といわれる政治家でも否定できないでしょう。日本を何とかしたいというのなら、そうした最低限の合意はできるはずだという気がするのですが。

浜　そこはちょっと甘いかもしれないと思います。戦前にあんなとんでもない戦時体制に突入してしまった日本です。そして今日、安保法制や安保三文書などという超危険水域に踏み込んでしまっている日本です。こういう日本の政治と政策のモチーフの中には、国力の強化という観念と人々の雇用や生活の安定を結びつける感性が育まれる余地はないのだと思います。人々の生活の安寧を図るということが、国家というものの第一義的義務なのだということと、彼らは決して向き合わない。人々の生活の安寧と人権の確立こそ、国力の本質だということを、あの人たちの頭脳は受け入れることができない。彼らは、ひたすら強くて大きな国家の確立を追い求めている。だから、どうしても、少しでも弱い部分はどんどん切り捨てていくという発想になってしまう。そんな彼らを一生懸命説得しようとしても時間のムダ。退場してもらう以外にないと思うんです。

自民党的なるもの、つまり強者こそ全てという考えに立った経済社会に我々は背を向けて、地下に潜るというのはどうでしょうか。格差や貧困を生まず、人々のペリフ化をもたらさないオルタナティブな経済社会をゲリラ的・アングラ的に構築していくのです。それには、先ほど申し上げた市民の議論大会も役にたつかと思いますし、みんなで寝そべるのも悪くないと思います。「だめ連」とか「寝そべり族」は、その流れに向かって一定の結節点を作ってくれているのだと思います。

さっきおっしゃっていた「点」という問題もありますし、個別問題で迫っていくのが精一杯という問題もあります。この状態から脱却するためには、何がどうしてこうなったのか、どの個別問題とどの個別問題がどう結びつき、関連づいているのかを明示できる展開図をつくることが必要なのだと思います。問題を解決するためには、問題の所在を鮮明に浮かび上がらせなければいけません。人々が当面する諸々のとんでもない状況の間に存在する相互連関関係を解き明かす。解剖学的なアプローチで本質的な病巣の所在を突き止める。それをじっくりやって、解剖結果を為政者に突きつけたいですね。今、お二人がたたかっている個別問題を全て摘出し、列記し、その相互関係がどうなっているか、背後で何がうごめいているのかを徹底的に炙《あぶ》りだせればと思います。

9、競争から降りる人と必死にしがみつく人の連帯は可能か

雨宮 アジアの連帯を掲げる「NO LIMIT」の首謀者が松本哉さんだということは原稿に書きましたが、彼は常に、「政府なんかなくなってもいいように、自分たちで経済圏を作って生きていこう」みたいなことを言うんです。それは高円寺ならではの特殊な地域の特殊な人たちの集まり

ですが、一つのモデルになりうると思って、私もずっと参加しています。

面白いのは、みんなの溜まり場となっている「なんとかバー」という店があるのですが、そこでよくカンパを募るバーが開催されていることです。

例えば、中国の武漢がコロナで大変だった時には、武漢の友人のために「武漢応援バー」を開催し、飲み代の上がりを全部武漢の友人たちに送っていました。その前には、韓国の釜山に住んでいる友人の家が電気の漏電で爆発したんですが、その時にも「カンパバー」をやりました。最近だと、ある芸術家で大学の非常勤講師の人が猫を飼っていたんですが、給与が安すぎて暖房代も払えないということで、その人のための「電気代集めバー」が開催されました。さらに、最近韓国で交通事故に遭った友人のミュージシャンのための「治療費集めバー」も開かれ、何十万円も集まり、すごく喜ばれたということもありました。こういう助け合いを、日常的に、当たり前にやっている。

政府のやることは気に食わないから真っ向から反対する運動も大切ですが、このように、政府のやることは気に食わないから、自分たちで勝手にやってしまおうという活動も重要だと思います。「NO LIMIT」のような国境を超えた繋がりが無数にあれば、それで生き延びられる可能性もある。最悪、日本にいられなくなっても行き先がある。

それに日本だって、いつまで自由に活動できるか分かったもんじゃない。香港では19年、政府が進める「逃亡犯条例」改正案に対して100万人規模のデモがありましたよね。その時に、松本哉さんたちは、いつか日本もこうなるかもしれないからと香港に学びに行きました。当時の香港は、抵抗のノウハウが日々、現場で編み出されている状態だったと言います。例えばリーダーが誰か、その人間関係地図がどうなっているのかがバレないように、連絡はスマホのAirDrop（エアドロップ）でやりとりされるという仕組みが編み出されていたそうです。先ほど話した、中国でインターネットを活用できないという問題も、だからこそ多くの裏技が生まれる。版画はその一形態です。

いろんな国で、権力を欺くための工夫が日々編み出されている。こういうことも抵抗のひとつの実践だと思います。

浜　国境を越えた影の国家みたいなものが、その実態が見えない形で水のごとく集まったり離散したりしながら運動しているんですね。そういうことが実現しているということには、すごく希望が持てます。そのノウハウを持ち寄り、問題を洗い出し、知恵を集めれば、強烈なオルタナティブワールドが作れるんじゃないかなという気がします。そこには、大いなる可能性が秘められていると思います。

清水　この間増えている、オルタナティブな経済とか取引のやり方を模索する運動がありますね。それが実現したところでも、例えば生活クラブ生協などは、むしろ収入が高い層にアプローチするようになっています。家があって、そこに住んでいる誰かが、ガレージなどにまとめて食材を受け入れ、それをみんなが取り分けるという方式ですが、食材はいいものだけど結構値段は高いですね。それができないところは戸別配布が中心ですが、物は良くても、業務スーパーで買うより高い。貧乏人には縁遠いものです。

生協の宅配パルシステムなども本業としてそういうことをやって、そこで得た利益のそれなりの部分を社会運動などに支援しています。それにしても、結局は一定の収入がある組合員さんたちに質のいいものを売って、しっかり儲けているところが基礎にあるからできることです。それを社会に還元していることには意味があると思いますが、最初から低収入の層にアプローチする経済の仕組みを考えるとき、その仕組みを回そうとすれば一定の勤勉さが求められる。一回一回のイベントとかプロジェクト的なことだったら、その時の勢いで完結するのですが。農園で作物を作ったり、就労支援の場を作り困難な仲間の居場所と仕事を作ろうとするには、労働相談と交渉をやるくらいの熱量でやってくれる人が何人か必要です。

雨宮　それをやる人がいないと、そのシステムは回りませんよね。ただ、若い人の中には社会的企業に関心がある人も多いですよね。

浜　確かに社会的企業に関心のある若者がうちのビジネススクールにも結構来て、そういうテーマで論文を書きます。ただ、それらはあくまでもビジネスプランを作ることに重点がおかれていて、実際に現場にどう熱量を持ち込むかというレベルには話がつながっていかない傾向が強いですね。ビジネススクールというものの性格上、やむを得ない面がありますが……。

もう一つ、勤勉な人が必要だということでちょっと思い出したのが、江戸の長屋にあった月番制度です。長屋の住人には必ず月番が回ってきて、差配人のサポートをしたり、冠婚葬祭などの手配をしたりしました。当月の月番と前の月の月番と次の月の月番という三人組でアシストし合いながら、長屋の諸々の業務を回していくという制度です。その三人体制がみんな怠け者だったら困るので、どういう組み合わせにするのかを差配人が考えて、能力のない人が今月の月番になった時は、その周りをベテランで固めるとかして、うまく回るような体制を作っていたらしいんですよね。長屋には必ず与太郎という住人がいて、およそ頼りない。でも、だからといって、あいつには人の面倒をみることなんて無理、だから与太郎は月番免除、という対応は決してしない。前任者と後任者がちゃんと支えることで与太郎さんも立派に月番役を果たせるようにするのです。そんなことを参考に、その共同体に属している人々は必ず月番にはなる、だけど一人でやるのではなくてサポートも付く。お話を伺っている中で、そんな回し方もあり得るのかなと思えてきました。すべての人たちがその組織を回すことに参加するというやり方です。

雨宮　社会的企業ではありませんが、学生でいうと先ほども話題に出た「だめライフ愛好会」の今後にも注目しています。最近、東大のだめライフ愛好会の飲み会に行ったんですが、東大の敷地の一角を勝手に耕して畑にしてました（笑）。「勝手耕作」というそうです。

清水 見どころがありますね。

雨宮 「だめライフ愛好会」は全国40大学に広がっているので「だめ」にも幅があると思うんですが、しょっちゅう交流会やヤミ鍋をして、いかに就職しないで生きていけるか、この競争からいかに降りるかということを模索する学生のムーブメントが、1年で40大学に広がるというのは結構すごいなと思っています。

浜 それはすごく面白いですよね。でもちょっと心配なのは、ミレニアム世代、Z世代の若い人たちがダメに没入して楽しんでいる一方で、縁辺状態で明日は首を括るしかないような人たちが存在するということです。ペリフ化に泣く人々の目から見れば、「だめライフ愛好会」は恵まれし者たちの贅沢病会合に見えてしまわないでしょうか。そんなお気軽なことを言っていられる人たちと我々は関係ないよ、というふうな分断が生まれてしまわないか。それが気掛かりです。その愛好会の若者たちに、今の縁辺労働者たちの現実をどう思うかということをぶつけていただきたいです。いかにして就職しないですむか、競争から降りるかと彼らは言っているが、一方で、いかにしたら競争からはじき飛ばされないかと必死で悩んでいる人たちがいるわけじゃないですか。

雨宮　本当ですね。一方、学生たちに話を聞くと、競争に勝ってもその先には何も幸福のイメージがないというか、競争し続けている人が不幸にしか見えない、という現実もあるようです。

浜　それは全くその通りだと思いますが、今の縁辺労働者たちは負けるわけにいかないじゃないですか。競争から降りたい人々と競争からはじき出されるわけにはいかない人々がどういう形で共感し合い、連帯し、力を発揮できるかというのは次の重要な課題じゃないかという気がします。

清水　競争から降りても平気でやっていけるのは、高学歴でそれなりの知識やＩＴスキルがある人なのではないでしょうか。そういう交流の場でやり取りができるコミュニケーション能力があり、情報収集もネットを使っていくらでもできるし、人脈の生かし方も知っているような人だからできているので、それらが何もない人が競争から降りたら死ぬ以外にありません。昔から大学で鍋をする人はいたじゃないですか。そこから運動に行く人もいましたが、私たちの先輩くらいだと、大学紛争はなくなり、だんだん内輪になって、そこが楽しい世界みたいなことになっていく人も少なくありませんね。

雨宮　ある種の前提がないと、そういう場に入れないというのはその通りだと思います。

10、政治を変える市民運動が求められている

雨宮　私は今、同じ年の死刑囚の人と、支援者を通じて少しやりとりをしています。その人は山田広志（旧姓・松井）といって、末期のすい臓がんで、年内は持たないだろうと言われています（2023年12月13日、死亡）。彼は今49歳。母子家庭で生まれ貧しい中で育ち、中卒後、家を追い出されて橋の下でホームレス生活。その時に窃盗で留置所に入ったのですが、布団で寝られて食事も出てくることに「天国か！」と思ったそうです。それから刑務所と貧困ビジネスの繰り返しになるのですが、あるとき近所のおばあさんから生活保護を受けていることについて「仕事をしないでいい身分ね」と言われてカッとなり、そのおばあさんと夫を殺してしまったんです。家にあった1200円が入った財布を盗んだことで強盗殺人になり、今年、死刑の宣告を受けたんですね。でも、すでに末期のすい臓がんで余命わずかと宣告されている彼に驚きはなかったようで、「がんで死ぬか死刑が先か」というnoteを更新していました。

　彼のことが気になるのは、私が困窮者支援の現場で出会う人とすごく似ているからです。貧困家庭で、職を転々としてきて、ある時期から生活保護と刑務所と貧困ビジネスの繰り返しになっ

て。困窮者支援の現場に来る人の中には、その時はどん底の状態であっても、支援を受け、その後信頼できる人に出会って、生活を見事に再建させる人もいます。でも、彼にはそんな機会が与えられなかった。

経歴を見ていくと、それでも自分でなんとか人生を好転させようとすごくもがいているんです。30歳頃には一度はタクシー運転手としてやり直そうとして、いい線までいっていた。だけど、昔の交通事故で足に障害があり、運転手の仕事も続けられなくなってしまう。手持ちの条件が悪すぎるんですね。弁護士さんは、彼に軽度の知的な障害があることも指摘しています。どれだけ手持ちの条件が悪くても、人が死刑囚にならずに済む社会とは何か、包摂できる社会とはどうあるべきか、そんなことを考えています。

清水　交通事故にあった時に障害者認定を受けて、障害年金などで最低限の生活費を確保し、そこに何らかの上乗せがあったら、違う生活ができたかもしれませんね。せっかく生活保護を受けられたのにそれを咎められたら、犯罪に走ってしまう気持ちも分からなくはありません。そこで適切な支援ができる人たちが周りにいれば、違った人生を歩めたかもしれません。ペリフ化の果てにそこまで実際に落ち込んでしまう人がいると思うと、たまりませんね。

浜　そういう境遇に陥る人の存在を許すような社会はあってはいけない。それをどう変えていくかということが、本書でも根底的なテーマになっているわけですよね。その意味で、雨宮さんの言われた、寝そべり族やだめライフ愛好会のような人たちの正義と、競争から死ぬまで降りられない人たちの正義が、どこかで抱き合えるかどうかが強く問われているのだと思います。ぜひ抱き合って欲しいですね。

問題は多々あっても、総体としては豊かなこの国において、人々が不幸のどん底に追い込まれるなんてことが起きるのは、決して決して許せません。これを止めるための問題意識や政策を持たなければいけないんですが、相手は先程来話しているような徹底した弱者切り捨て論者たちで、そんなことは全く視野に入っていない。だからやっぱり、市民がまともな方向に向かう運動を起こし、政治をそこに誘導しないといけないですよね。政治生命を人質に取られているということが分かれば、政治は市民社会が指し示す方向に背を向けることができなくなるでしょう。

あとがき

本書では、浜矩子さん、雨宮処凛さんとともに、「ペリフ化」された「縁辺労働」に追いやられる人がこれほど増加した原因を探り、活動の現場で出会う人たちの直面する理不尽な現実を明らかにし、このような「縁辺労働」を変え、労働に人間らしさを取り戻すための道筋を模索した。

私と雨宮処凛さんは、20年弱、反貧困と不安定雇用の労働問題という、隣り合い、重なり合う現場でお互いの存在を確かめながらともに活動してきた。私も関わっていた不安定労働者の住宅確保を目的にした自由と生存の家（現在は活動終了）に、雨宮さんの紹介で生活に困窮した方に入居してもらったり（支援の現場でよくあることとして、生活保護費を手にしたら当事者の方が家賃を払わずに家を出てしまったり）、うちの猫に気に入ってもらえなかったプラスティック製の猫つぐら（猫ちぐら）のようなものを、雨宮さんが屋外で保護した猫の出産のための小屋として使ってもらったりしたこともある。

（清水直子）

お互いに、自分の身が安泰というわけでなくても、ひたすら生活に困窮した人の支援、不安定な労働や生活を強いられている仲間の支援をしてきたし、これからもしていくだろう。なぜかという理由をもっともらしく説明することもできるが、実感としては、そうしてしまうから、としか言いようがない。試行錯誤しながら取り組み、言葉に尽くせぬ経験をさせてもらった結果として、一定の心構えや活動のし方を身につけてきたし、身を投じてきた結果として、今の自分が生かされて存在している。

浜矩子さんは、雨宮さんと私を「善きサマリア人」と表現してくださった。聖書のなかの例え話に登場する、路上で行き倒れている瀕死のけが人を助ける人だ。光栄過ぎる。敬虔なクリスチャンだった祖父が聞いたら、泣いて喜んだだろう（祖父は、自らの半生を記した本に「直子　この世で一番立派な人は、自分を愛する様に他人を愛する人です。愛の人となる様心がけてください。」と一筆書いてくれた。いつ読み返してもハードルが高い）。

だが、反貧困や不安定雇用の労働運動をはじめとする社会運動の現場には、自分を誇るわけでもない「善きサマリア人」が大勢いらっしゃるし、楽しくそれをしている人もいる。善人のような顔をしていなくてもいい。人と人と見なさずに使い捨てる「縁辺労働」に抗って助け合い、それぞれできるところで、なるべく人を助け、助け合い、人としてまっとうであろうとすることはできる。言行一致の度合いが高まれば、地上での生を終えるとき、または今生を終えるときまで清々しく生きていけるし、豊かな世界を作って広げて次の世代につないでいくことができる。

労働者が団結していれば、「社長から言われれば仕方ない」と一方的な退職勧奨や減給を受け入れる必要もなく、「給料のためだから仕方ない」と職場でパワハラをされている人に見て見ぬふりをしなくてすむ。おかしいことにはおかしいと堂々と言えるようになる。

真っ当であろうとする人の揶揄をしたり逆張りをするのは、そろそろやめにしたい。

本書を手に取ってくださった方が、ともに「ペリフ化」に抗して行動してくださることを願っています。

清水直子（しみず・なおこ）

プレカリアートユニオン執行委員長。1973年生まれ。群馬県で育つ。中央大学経済学部卒業。フリーライター、非正規雇用中心の個人加盟組合の活動を経て、2012年、プレカリアートユニオンの結成に参加。現在、専従役職員として働く。著書に『自分らしく働きたい』（大日本図書）、『ブラック企業を許さない！』（かもがわ出版）など。労働相談は、電話03-6273-0699、メール info@precariat-union.or.jp

著者プロフィール

浜　矩子（はま・のりこ）

エコノミスト、同志社大学大学名誉教授。1952年、東京生まれ、一橋大学経済学部卒。三菱総合研究所初代英国駐在員事務所長、同所政策・経済研究センター主席研究員、同志社大学大学院ビジネス研究科教授などを歴任し、2002年より現職。近著に、『国民なき経済成長――脱・アホノミクスのすすめ』（角川新書）、『「通貨」の正体』（集英社新書）、『統合欧州の危うい「いま」』（詩想社新書）、『人はなぜ税を払うのか』（東洋経済新報社）、『強欲「奴隷国家」からの脱却』（講談社＋α新書）、『「共に生きる」ための経済学』（平凡社新書）、『〝スカノミクス〟に蝕まれる日本経済』（青春出版社）、『愛の讃歌としての経済』（かもがわ出版）など。

雨宮処凛（あまみや・かりん）

作家・活動家。1975年、北海道生まれ。反貧困ネットワーク世話人。フリーターなどを経て2000年、自伝的エッセイ『生き地獄天国』（太田出版／ちくま文庫）でデビュー。2006年からは貧困問題に取り組み、『生きさせろ！難民化する若者たち』（2007年、太田出版／ちくま文庫）はJCJ賞（日本ジャーナリスト会議賞）を受賞。著書に『非正規・単身・アラフォー女性』（光文社新書）、『コロナ禍、貧困の記録　2020年、この国の底が抜けた』（かもがわ出版）、『学校では教えてくれない生活保護』（河出書房新社）、『死なないノウハウ　独り身の「金欠」から「散骨」まで』（光文社新書）など。

著　者

浜　矩子（はま・のりこ、エコノミスト、同志社大学名誉教授）

雨宮処凛（あまみや・かりん、作家、「反貧困ネットワーク」世話人）

清水直子（しみず・なおこ、プレカリアートユニオン執行委員長）

装　丁

加門 啓子（かもん・けいこ）

縁辺《えんぺん》労働に分け入る
——フランシスコ教皇の警告

2024年4月15日　第1刷発行

著　者　

発行者　竹村 正治

発行所　株式会社かもがわ出版
〒602-8119　京都市上京区堀川通出水西入
TEL075-432-2868　FAX075-432-2869
振替 01010-5-12436
ホームページ http://www.kamogawa.co.jp

印　刷　シナノ書籍印刷株式会社

ISBN978-4-7803-1320-8　C0036